눈이 편한

엑셀
ver.**2013**

눈이 편한 엑셀 2013

ISBN 978-89-314-4978-5

독자님의 의견을 받습니다.
이 책을 구입한 독자님은 영진닷컴의 가장 중요한 비평가이자 조언가입니다. 저희 책의 장점과 문제점이 무엇인지, 어떤 책이 출판되기를 바라는지, 책을 더욱 알차게 꾸밀 수 있는 아이디어가 있으면 팩스나 이메일, 또는 우편으로 연락주시기 바랍니다. 의견을 주실 때에는 책 제목 및 독자님의 성함과 연락처(전화번호나 이메일)를 꼭 남겨 주시기 바랍니다. 독자님의 의견에 대해 바로 답변을 드리고, 또 독자님의 의견을 다음 책에 충분히 반영하도록 늘 노력하겠습니다.

이메일 _ support@youngjin.com
주 소 _ (주)08591 서울특별시 금천구 가산디지털1로 24 대륭 13차 10층 (주)영진닷컴

만든 사람들

저자 _ 한유미 **| 기획** _ 기획 1팀 **| 총괄** _ 김태경 **| 진행** _ 김연희
내지 디자인 _ 영진닷컴 디자인팀 지화경 **| 표지 디자인** _ 영진닷컴 디자인팀 이유미

이 책은 15차시로 이루어졌으며 다음과 같은 요소들로 구성되어 있습니다.

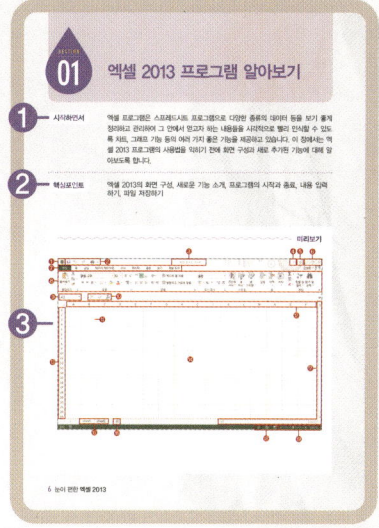

❶ 시작하면서

각 차시에서 배우게 되는 내용에 대해 간략하게 설명하고 학습 방향을 제시합니다.

❷ 핵심포인트

따라하기를 통해 어떤 기능을 학습하게 될지 간략하게 살펴봅니다. 배울 내용을 미리 알아두면 훨씬 쉽고 재미있게 학습할 수 있습니다.

❸ 미리보기

각 차시에서 배우게 되는 예제의 완성된 모습을 미리 확인할 수 있습니다.

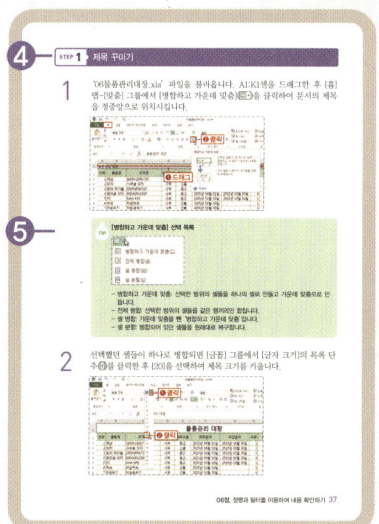

❹ 따라하기

예제를 만드는 과정과 방법을 순서대로 보면서 쉽게 따라할 수 있습니다.

❺ TIP

본문에서 설명하지 않은 내용 중 중요하거나 알아두면 좋은 내용 등을 정리하였습니다.

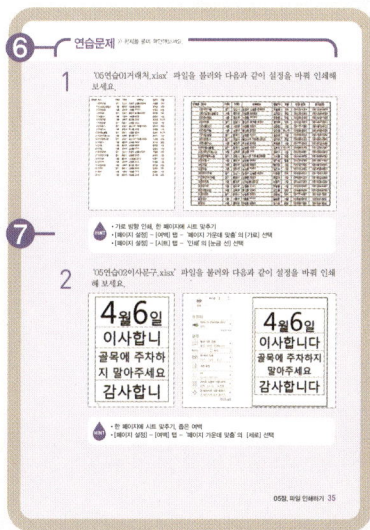

❻ 연습문제

해당 차시에서 배운 내용을 토대로 좀더 응용된 예제를 조금씩 다른 난이도로 만들어 배운 기능을 한 번 더 다질 수 있도록 하였습니다.

❼ HINT

연습문제를 학습할 때 필요한 참고 내용을 담았습니다.

SECTION 01 : 엑셀 2013 프로그램 알아보기 ·························· 6

SECTION 02 : 자동 채우기와 테두리를 사용해 동창회 명부 만들기 ····· 12

SECTION 03 : 행 높이 · 열 너비 조정으로 주간 스케줄러 만들기 ······ 19

SECTION 04 : 수식과 자동 합계 기능 알아보기 ····················· 25

SECTION 05 : 파일 인쇄하기 ··································· 30

SECTION 06 : 정렬과 필터를 이용하여 내용 확인하기 ················ 36

SECTION 07 : 파일 수정하기 ··································· 43

SECTION 08 : 시트 관리하기 ··································· 48

SECTION **09** : 스파크라인으로 건강관리부 관리하기 ················· 54

SECTION **10** : 차트 기능으로 데이터 분석하기 ······················ 61

SECTION **11** : 부분합으로 비용 분석하기 ························· 67

SECTION **12** : 간단한 함수 이용해서 회원정보 관리하기 ··············· 72

SECTION **13** : 머리글/바닥글 이용해서 서류 꾸미기 ················ 77

SECTION **14** : 메모 기능 이용하여 간단 메모 삽입하기 ············· 82

SECTION **15** : 함수를 사용하여 성적표 만들기 ···················· 89

SECTION

01 엑셀 2013 프로그램 알아보기

시작하면서

엑셀 프로그램은 스프레드시트 프로그램으로 다양한 종류의 데이터 등을 보기 좋게 정리하고 관리하여 그 안에서 얻고자 하는 내용들을 시각적으로 빨리 인식할 수 있도록 차트, 그래프 기능 등의 여러 가지 좋은 기능을 제공하고 있습니다. 이번 장에서는 엑셀 2013 프로그램의 사용법을 익히기 전에 화면 구성과 새로 추가된 기능에 대해 알아보도록 합니다.

핵심포인트

엑셀 2013의 화면 구성, 새로운 기능 소개, 프로그램의 시작과 종료, 내용 입력하기, 파일 저장하기

미리보기

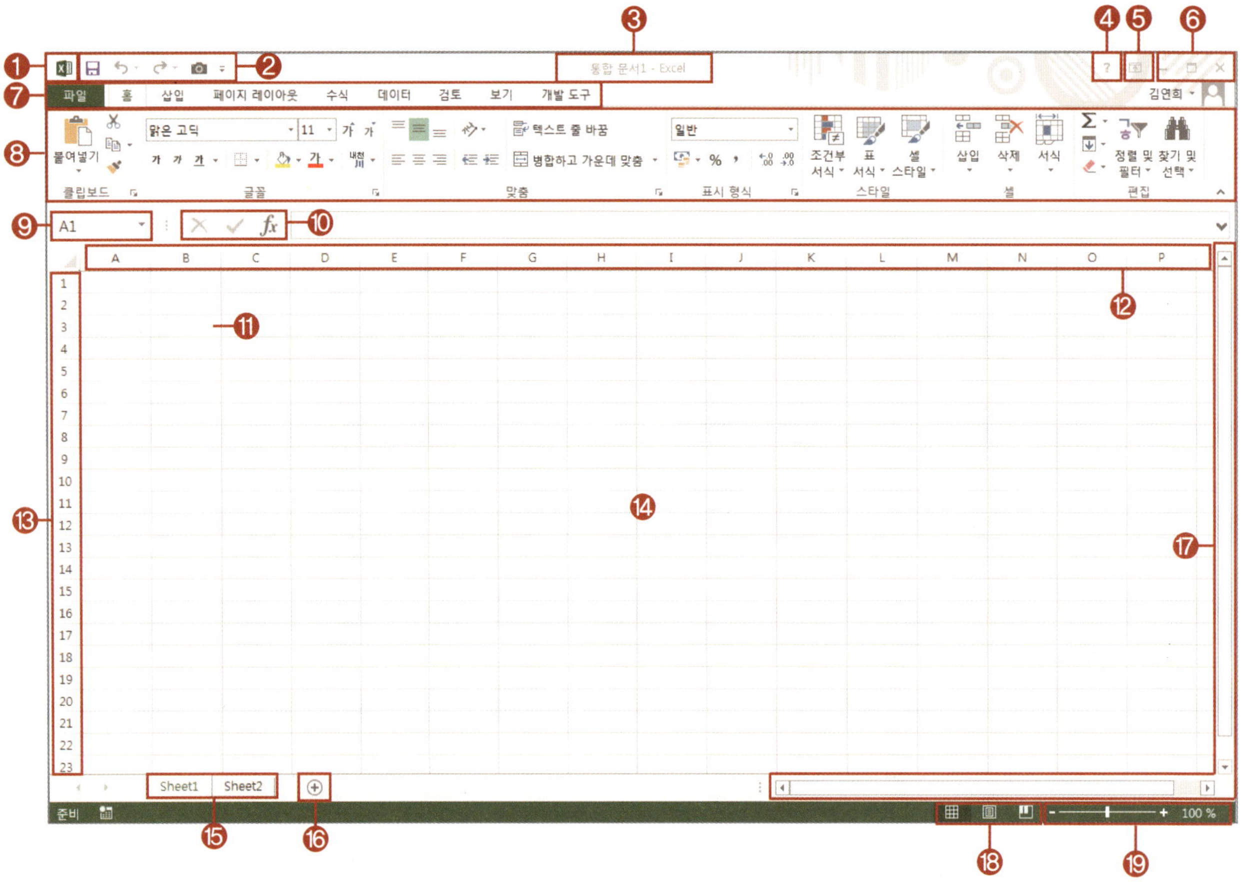

❶ [제어](🞖) 아이콘 : 엑셀 2013 로고 모양의 아이콘을 클릭하면 창 관련 명령 메뉴가 나타나고, 더블 클릭하면 창이 닫힙니다.

❷ 빠른 실행 도구 모음 : 사용자가 자주 이용하는 기능을 등록해 빠르게 실행시킬 수 있도록 만든 도구 모음란입니다. 기본으로 [저장](💾), [실행 취소](↩), [다시 실행](↪) 아이콘이 나타납니다. 빠른 실행 도구 모음 우측에 있는 목록 단추(⋮)를 클릭한 후 나타나는 메뉴에서 원하는 기능을 선택하면 추가할 수 있습니다.

❸ 제목 표시줄 : 현재 작업 중인 문서 제목과 프로그램 이름을 표시합니다.

❹ [Microsoft Excel 도움말](?) : 엑셀 2013의 도움말을 볼 수 있습니다.

❺ [리본 메뉴 표시 옵션](▣) 단추 : [리본 메뉴 자동 숨기기], [탭 표시], [탭 및 명령 표시] 등의 표시 옵션을 선택할 수 있습니다.

❻ 프로그램 창 조절 단추 : 엑셀 프로그램의 창 크기를 조절하거나 엑셀을 종료할 수 있는 단추입니다.

❼ 리본 메뉴 : 관련 기능 별로 그룹화되어 있는 메뉴입니다. 제목 탭(파일, 홈, 삽입 등)을 클릭하여 해당 관련 기능을 열어 사용할 수 있습니다. 개체를 삽입했을 때는 그와 관련된 탭이 나타납니다.

❽ 그룹 : 탭별 리본 메뉴에는 기능별로 그룹이 지어져 있습니다.

❾ 이름상자 : 작업 중인 셀의 주소나 선택한 개체의 이름이 나타납니다. F4셀은 F열의 4행을 나타냅니다.

❿ [취소](✕), [확정](✓), [함수 삽입](fx) 단추 : 셀에 입력을 취소, 입력한 내용을 확정합니다. 또한 함수 마법사를 실행하여 함수를 삽입할 수 있습니다.

⓫ 셀 : 데이터나 수식을 입력하는 곳으로 세로행과 가로열이 만나는 지점입니다.

⓬ 열머리글 : 열의 위치를 나타내는 알파벳으로 최대 16,348열까지 사용할 수 있습니다.

⓭ 행머리글 : 행의 위치를 나타내는 숫자로 최대 1,048,576행까지 사용할 수 있습니다.

⓮ 워크시트 : 데이터, 수식, 개체 등을 입력하는 문서 작업 공간입니다.

⓯ [시트] 탭 : 통합 문서 안에는 여러 개의 워크시트가 사용되는데, 워크시트의 이름이 표시되는 부분입니다.

⓰ [새 시트](⊕) 단추 : 새로운 시트를 추가할 때 클릭합니다.

⓱ 이동 막대 : 막대(스크롤 바)를 드래그하면 화면에서 보이지 않는 부분으로 이동할 수 있습니다.

⓲ 보기 도구 : 화면을 [기본](▦), [페이지 레이아웃](▤), [페이지 나누기 미리보기](▥) 중에서 원하는 형태로 볼 수 있습니다.

⓳ 확대/축소 : 슬라이더를 좌우로 드래그하거나 [-]나 [+] 단추를 클릭하면 워크시트의 화면을 10%부터 400%까지 확대 또는 축소할 수 있습니다.

1 [시작](아이콘)을 클릭한 후 [모든 프로그램]–[Microsoft Office 2013]–[Excel 2013] 순서로 선택합니다.

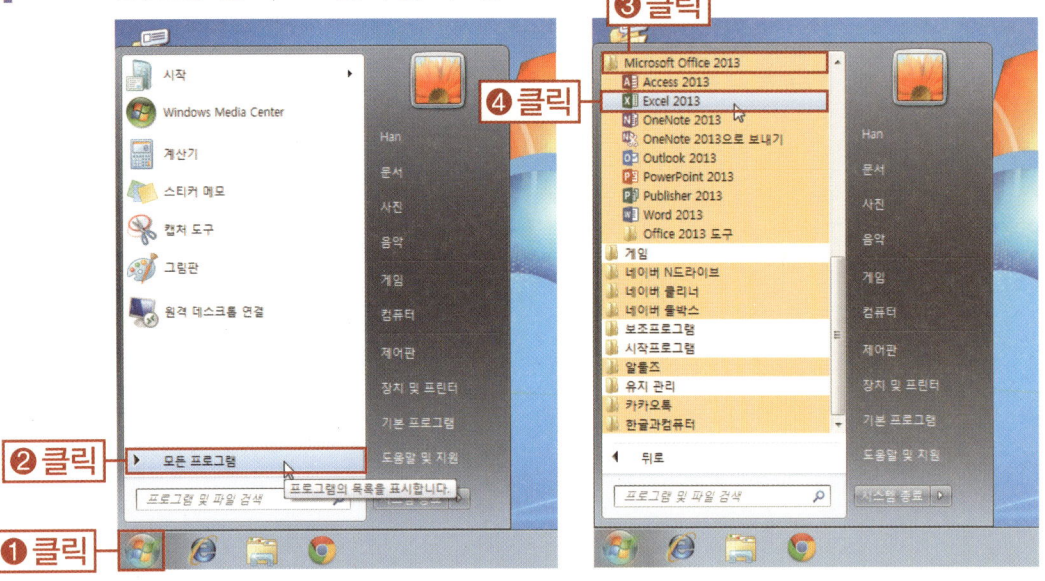

> **TIP**
> **엑셀 2013 프로그램을 시작 메뉴에 고정하기**
>
> 엑셀 2013 프로그램을 쉽게 시작할 수 있도록 '시작' 메뉴에 고정하려면 'Excel 2013'에 마우스 오른쪽 버튼을 클릭한 후 바로가기 메뉴가 나타나면 [시작 메뉴에 고정]을 선택합니다. 다시 [시작](아이콘)을 클릭해보면 다음과 같이 시작 메뉴에 엑셀 2013 프로그램이 고정되는 것을 확인할 수 있습니다.

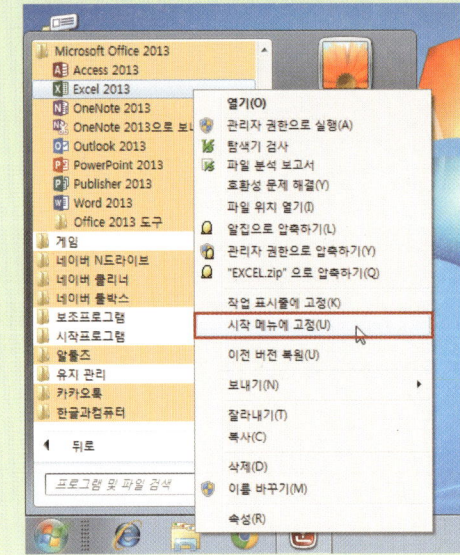

2 엑셀 빠르게 시작하기 화면이 나타납니다. 새 통합 문서를 선택하기 위해 [새 통합 문서]를 클릭합니다.

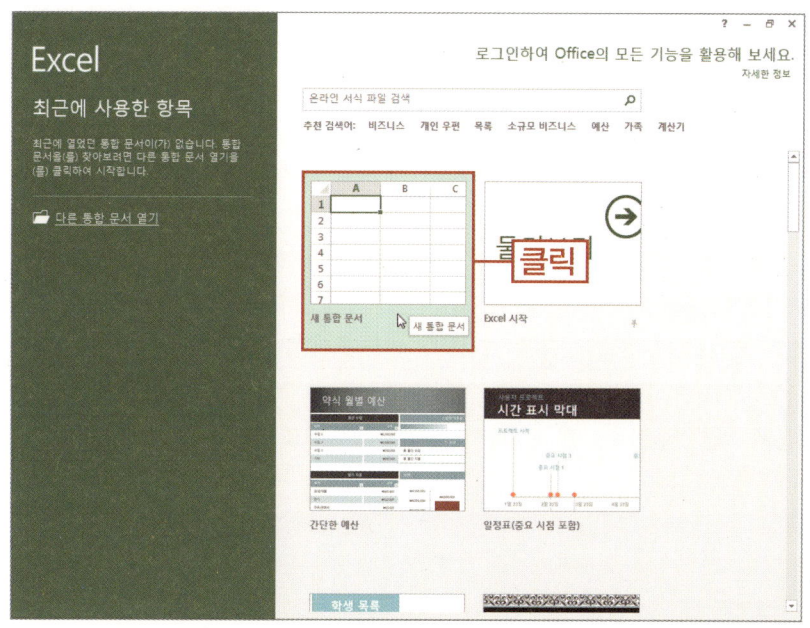

> **TIP** **온라인 서식 파일 검색**
>
> 엑셀 빠르게 시작하기 화면에서 '온라인 서식 파일 검색' 입력 란에 내가 만들고자 하는 서식과 비슷한 류의 서식을 검색하면 관련 서식이 나타납니다. 서식 검색 결과 중 사용하려는 서식을 다운로드하면 됩니다.

3 엑셀 프로그램이 열리면 기본적으로 A1셀에 커서가 위치해 있습니다. 아래와 같이 A1, B2, C3, D4셀을 클릭해 셀 주소를 입력합니다. 이후 빠른 실행 도구 모음에서 [저장](🖫)을 클릭합니다.

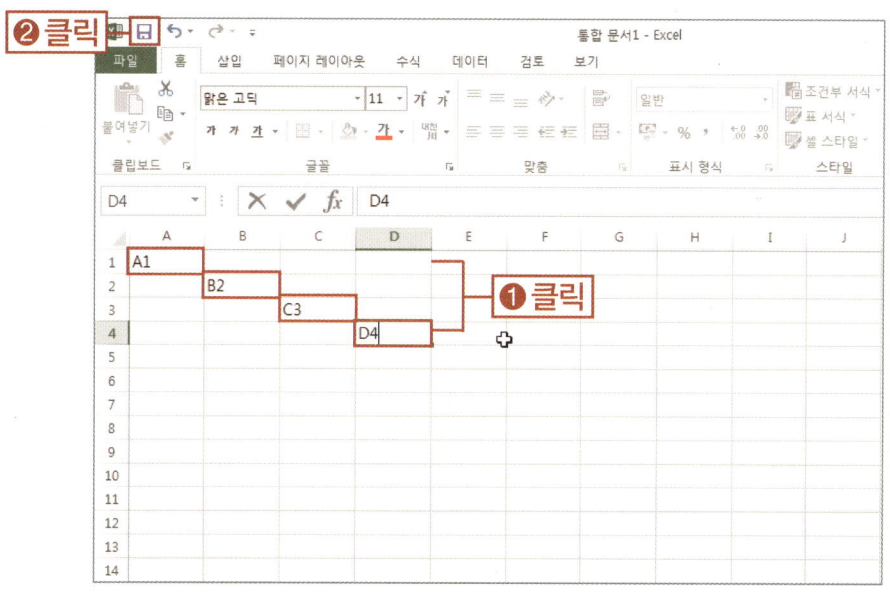

> **TIP** 단축키 Ctrl + S 를 눌러 저장할 수도 있습니다.

4 [컴퓨터]를 클릭합니다. '최근 폴더' 목록에서 원하는 폴더를 선택하면 '다른 이름으로 저장' 대화상자가 나타납니다. '파일 이름' 입력 란에 '연습'을 입력한 후 [저장]을 클릭합니다.

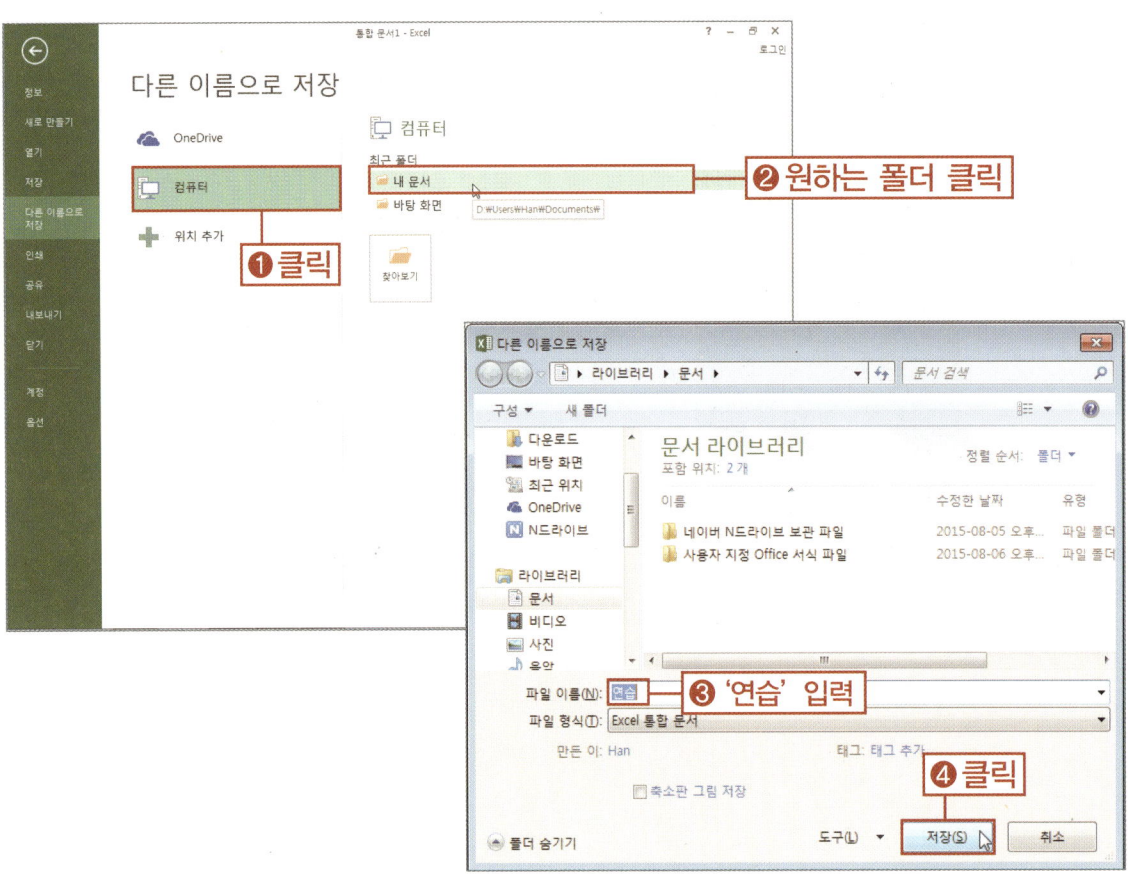

TIP 최근 폴더에 원하는 폴더가 없다면 하단의 [찾아보기]를 클릭해 저장하려는 폴더를 선택합니다.

5 상단의 '통합 문서1' 제목이 저장한 파일 이름인 '연습'으로 바뀌는 것을 알 수 있습니다. 엑셀 프로그램을 종료하기 위해 우측 상단의 [닫기](×)를 클릭하여 엑셀 프로그램을 종료합니다.

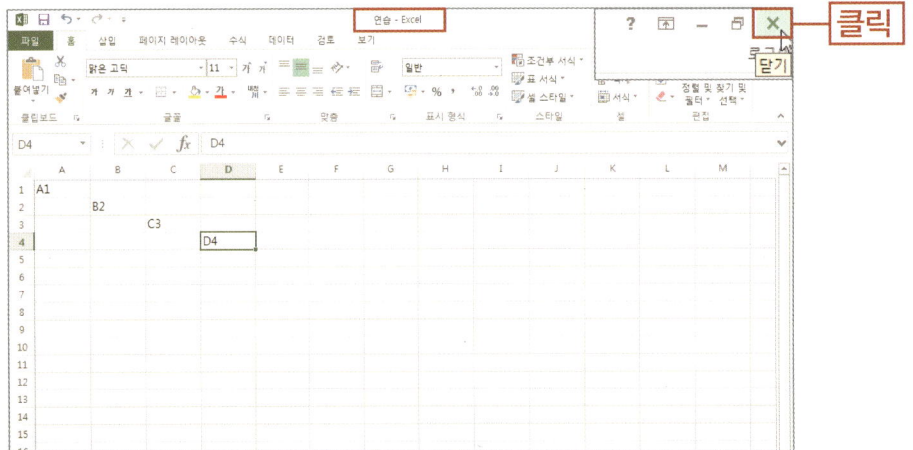

1 엑셀 2013 프로그램을 실행한 후 '온라인 서식 파일 검색'란에 '의료'를 입력합니다. 목록 중에 '혈압 기록표(혈당 포함)'을 선택해 서식을 다운로드하여 열어 보세요.

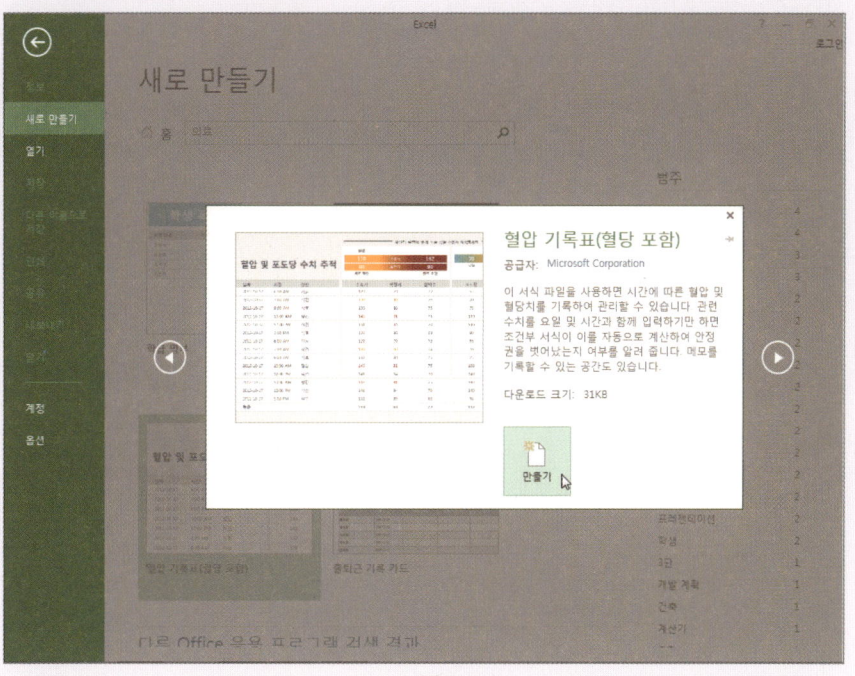

 HINT [Excel 2013] 실행 → [다른 통합 문서 열기]–[새로 만들기] 클릭 → '온라인 서식 파일 검색'란에 '의료' 입력한 후 **Enter** 누름 → 결과 목록 중에서 [혈압 기록표(혈당 포함)] 클릭 → [만들기] 클릭

2 A7셀부터 L12셀까지의 내용을 다음과 같이 입력해보고 파일명을 '혈압 혈당기록부'로 저장한 다음 엑셀 프로그램을 종료하세요.

			자신의 필요에 맞게 눈금 값을 사용자 지정하세요.					
혈압 및 포도당 수치 추적			혈압				포도당 수치	
			120	수축기	142		70	100
			80	확장기	90		낮음	보통
			목표 혈압		진료 요망			
날짜	시간	상황	수축기	확장기	심박수		포도당	수준
2015-10-10	12:00 AM	식전	129	79	72		55	
2015-10-11	1:00 AM	식후	120	80	74		70	
2015-10-12	2:00 AM	낮점	133	80	75		75	
2015-10-13	3:00 AM	혈압	143	91	75		190	
2015-10-14	4:00 AM	식전	141	84	70		140	
2015-10-15	5:00 AM	간식	132	80	68		90	
평균			133	82	72		103	

HINT 내용 입력 및 수정 → [파일]–[다른 이름으로 저장] 클릭 → [컴퓨터] 클릭한 후 파일을 저장할 폴더 선택 → '파일 이름'에 '혈압혈당기록부' 입력한 후 [저장] 클릭

SECTION 02

자동 채우기와 테두리를 사용해 동창회 명부 만들기

시작하면서

엑셀의 자동 채우기를 이용해서 간편하게 데이터를 입력하는 방법을 익히고 글꼴과 테두리 설정 기능을 배웁니다. 또한 잘못된 실행을 했을 때 되돌리기 기능을 이용해서 했던 작업을 되돌리는 방법과 시트 화면을 확대해서 편하게 볼 수 있는 방법을 알아봅니다.

핵심포인트

자동 채우기, 테두리 만들기, 되돌리기, 시트 화면 확대하기

미리보기

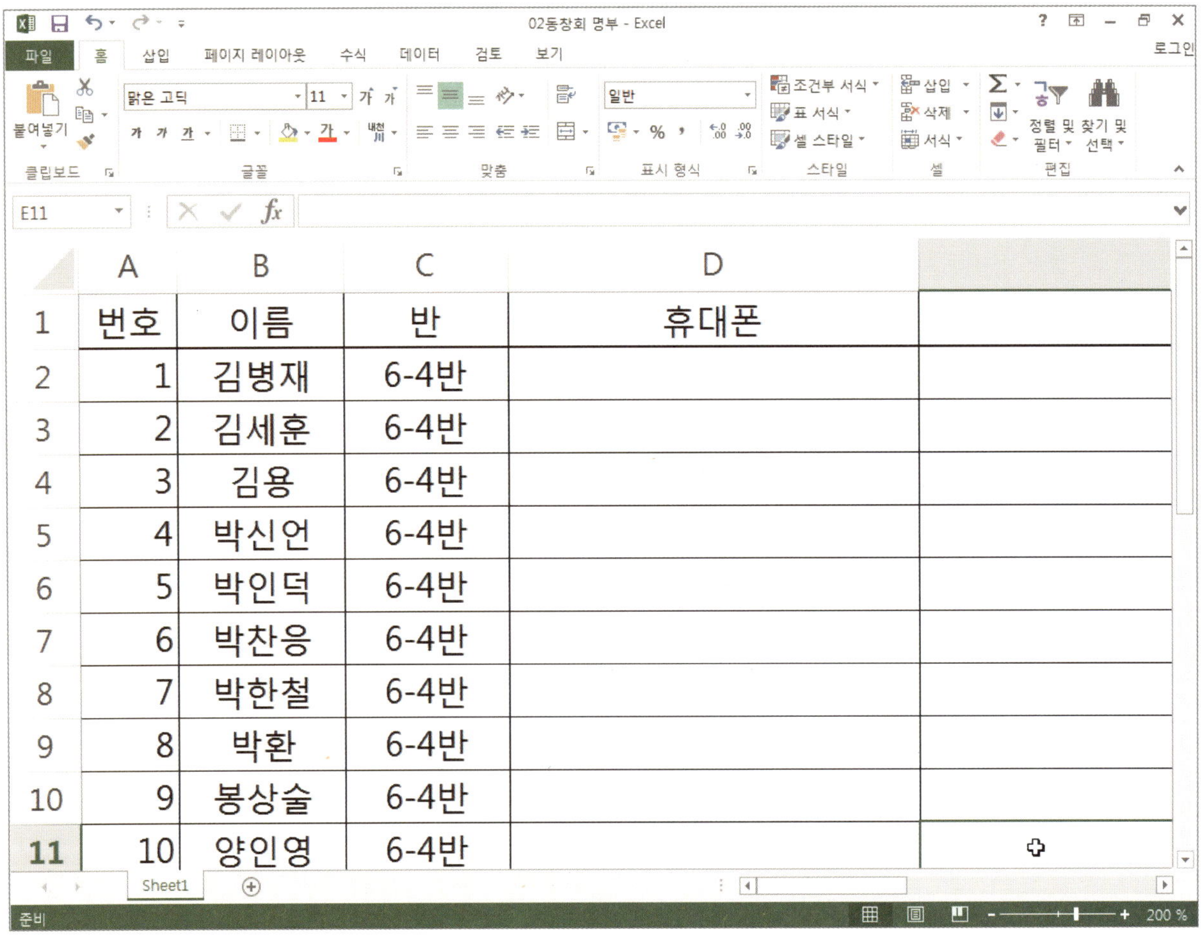
02동창회 명부 - Excel
E11
번호
이름
반
휴대폰
1 김병재 6-4반
2 김세훈 6-4반
3 김용 6-4반
4 박신언 6-4반
5 박인덕 6-4반
6 박찬응 6-4반
7 박한철 6-4반
8 박환 6-4반
9 봉상술 6-4반
10 양인영 6-4반
Sheet1
준비
200 %

1 엑셀 2013 프로그램을 실행합니다. 예제 파일을 열기 위해 [다른 통합 문서 열기]를 클릭합니다.

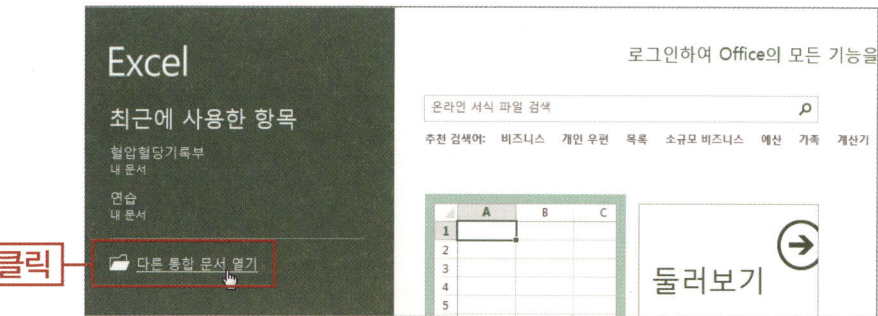

> **TIP** [다른 통합 문서 열기] 버튼이 나타나지 않는다면 메뉴에서 바로 [열기]를 누릅니다.

2 '열기' 화면이 나타나면 예제 파일이 있는 폴더를 열기 위해 [컴퓨터]를 클릭한 후 예제 파일을 저장한 폴더를 선택합니다.

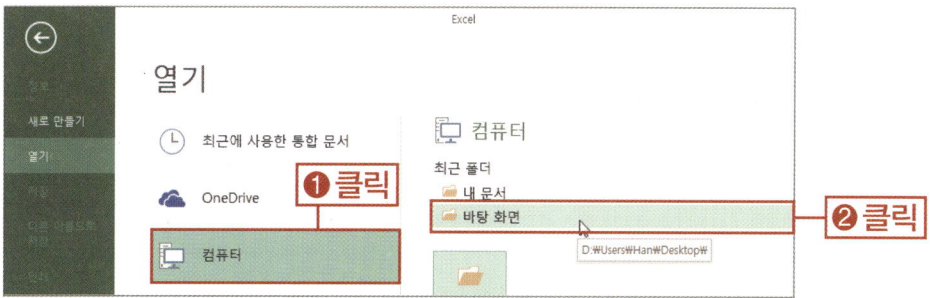

> **TIP** 예제 파일이 저장된 위치는 사용자가 지정한 위치에 따라 다를 수 있으니 각자의 예제 파일 위치를 확인한 후 불러오도록 합니다.

3 '열기' 대화상자가 나타나면 '눈이 편한 엑셀 2013 예제' 폴더를 선택합니다. 이후 [02동창회 명부]를 클릭하고 [열기]를 선택하여 예제 파일을 불러옵니다.

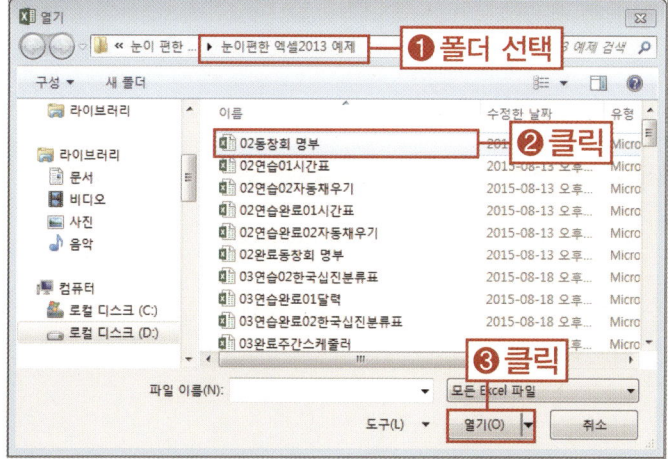

4 A2셀의 우측 하단으로 마우스 포인터를 옮기면 커서 모양이 '+' 모양으로 변하면서 채우기 핸들이 나타납니다. 채우기 핸들을 클릭한 상태로 A22셀까지 드래그하여 자동 채우기를 합니다.

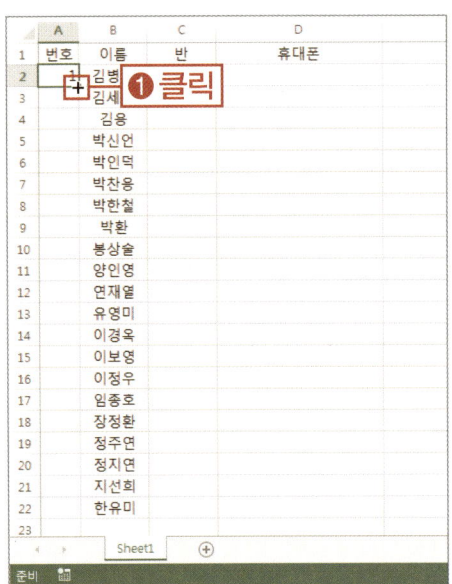 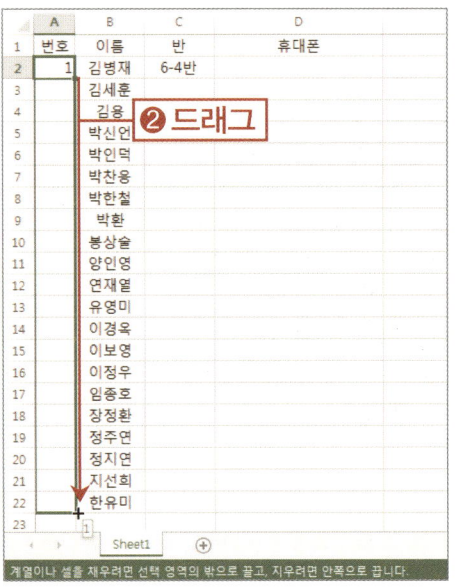

> **TIP** Ctrl 를 누른 채 드래그하면 연속된(1, 2, 3…) 데이터를 채울 수 있습니다.

5 자동 채우기를 하고 나면 다음과 같이 A2셀의 내용인 '1'이 드래그한 모든 셀에 채워집니다. 이때 [자동 채우기 옵션](🖹) 단추를 클릭하여 [연속 데이터 채우기]를 선택하면 1씩 증가된 숫자들로 채워집니다. 이번에는 C2셀을 클릭한 후 채우기 핸들을 C22셀까지 드래그합니다.

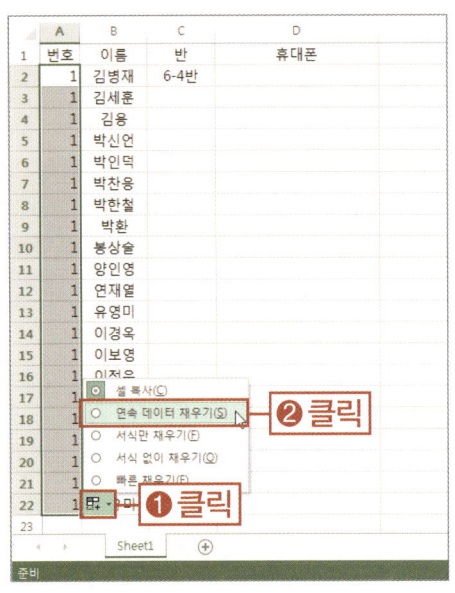 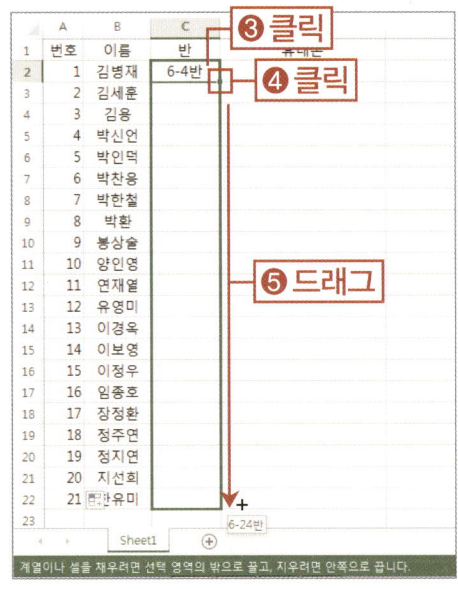

> **TIP** [자동 채우기 옵션](🖹) 단추가 보이지 않을 때는 드래그하여 선택했던 셀 중에 아무 셀이나 클릭하면 됩니다.

6 아래와 같이 '–' 다음의 숫자가 1씩 늘어 연속 채우기가 됩니다. 여기서는 셀 복사를 해야 하므로 [자동 채우기 옵션](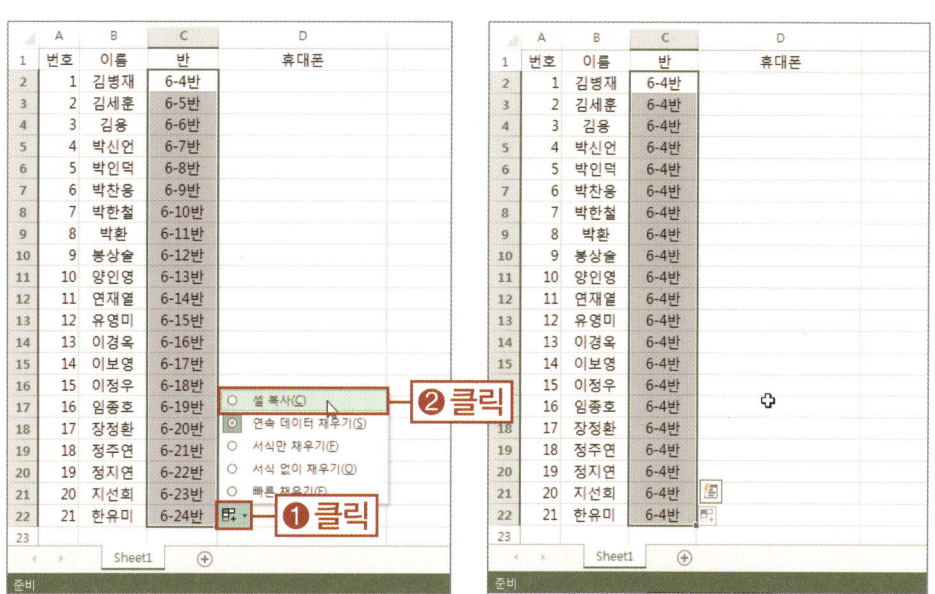) 단추를 클릭한 후 [셀 복사] 를 선택해 동일한 내용이 연속으로 채워질 수 있도록 합니다.

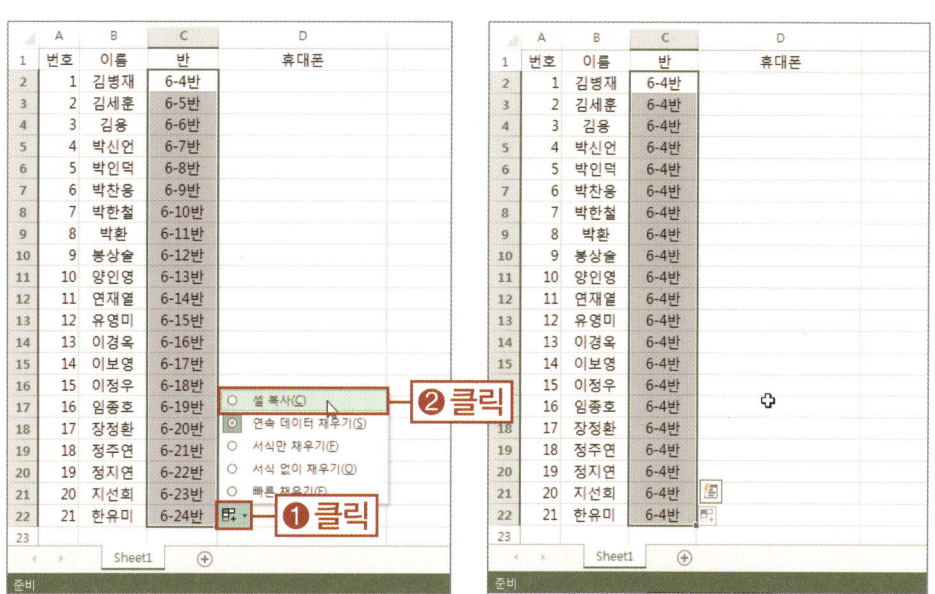

TIP 연속된 데이터가 채워질 경우에 **Ctrl** 를 누른 채 드래그하면 바로 셀 복사로 채울 수 있습니다.

STEP 2 테두리 설정하기

7 A1셀에서 E22셀까지 드래그하여 선택한 후 [홈] 탭–[글꼴] 그룹에 있는 [테두리](▦ ▾)의 목록 단추(▾)를 클릭합니다. 목록에서 [모든 테두리]를 선택하여 모든 셀에 테두리를 지정합니다.

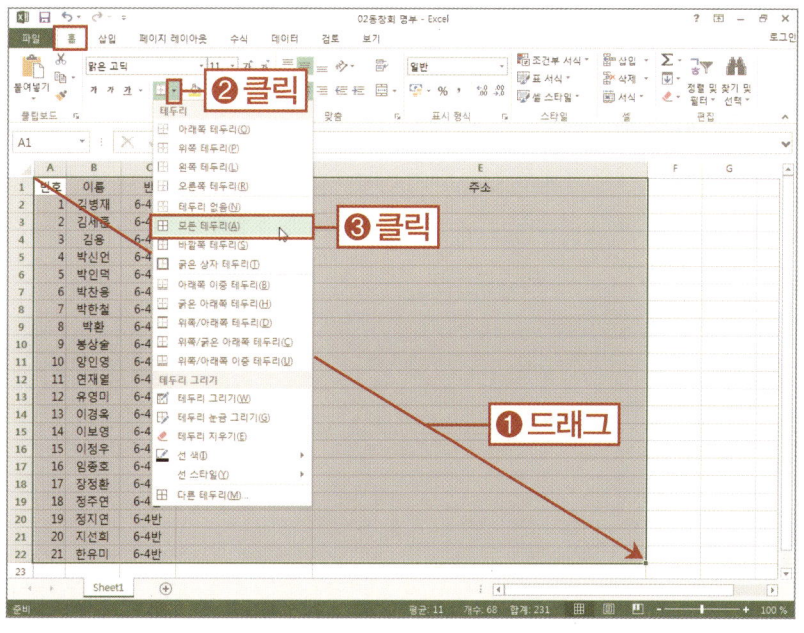

8 이번에는 A1셀에서 E1셀까지 드래그하여 선택한 다음 아래쪽 테두리를 굵게 강조하기 위해 다시 한 번 [테두리](⊞▾)의 목록 단추(▾)를 클릭합니다. 나타나는 메뉴에서 [굵은 아래쪽 테두리]를 선택합니다.

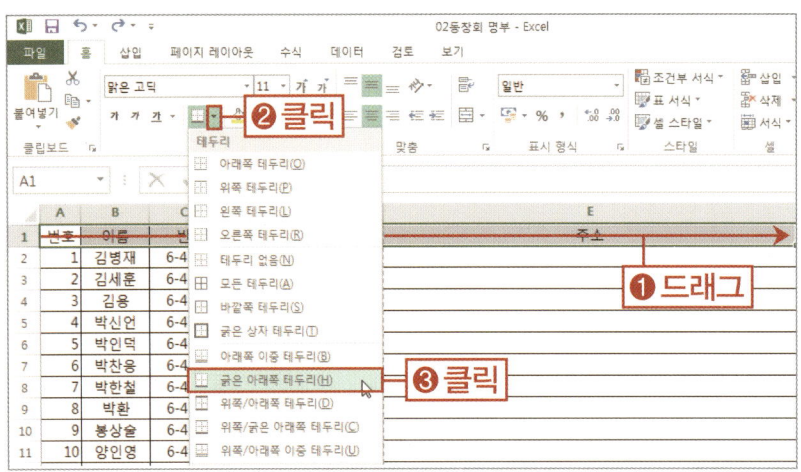

STEP 3 되돌리기

9 상단의 빠른 실행 도구 모음에 있는 [작업 취소](�ᔕ▾)의 목록 단추(▾)를 클릭한 후 마우스 포인터를 두 번째 테두리 항목까지 내린 다음 클릭합니다.

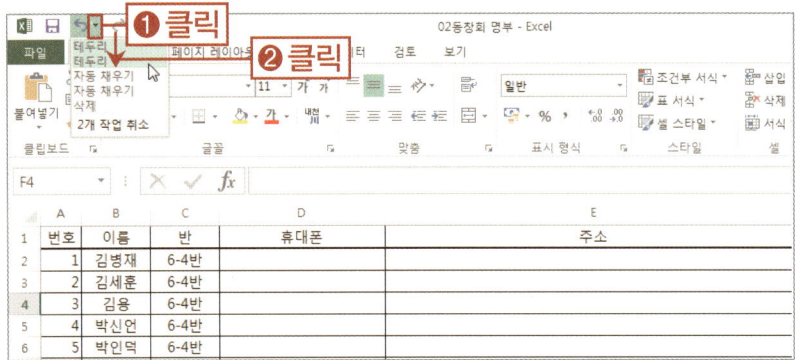

10 다시 테두리를 살리기 위해 [다시 실행](↪▾) 단추의 목록 단추(▾)를 클릭합니다. 마우스 포인터를 두 번째 테두리 항목까지 내린 후 클릭합니다.

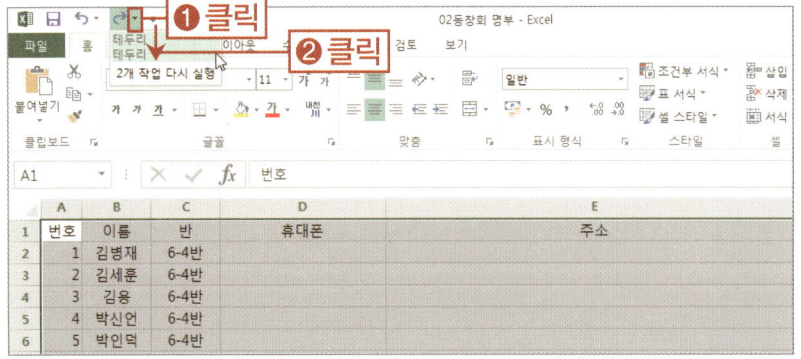

11 화면 내용을 확대 또는 축소하려면 상태 표시줄의 [축소](➖) 단추나 [확대](➕) 단추를 클릭합니다. 각각 10%씩 축소 또는 확대할 수 있습니다. 여기에서는 [확대](➕)를 클릭하여 작업 중인 시트 화면을 10% 확대해서 봅니다.

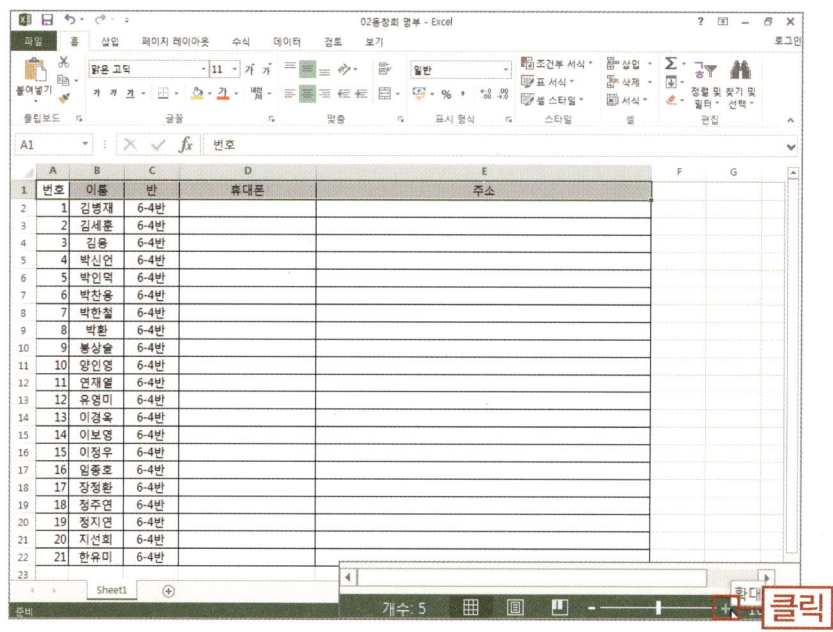

12 상태 표시줄의 현재 확대 비율인 [110%]를 클릭하면 '확대/축소' 대화상자가 나타납니다. [200%]를 선택한 후 [확인]을 클릭하여 화면을 200%로 확대합니다.

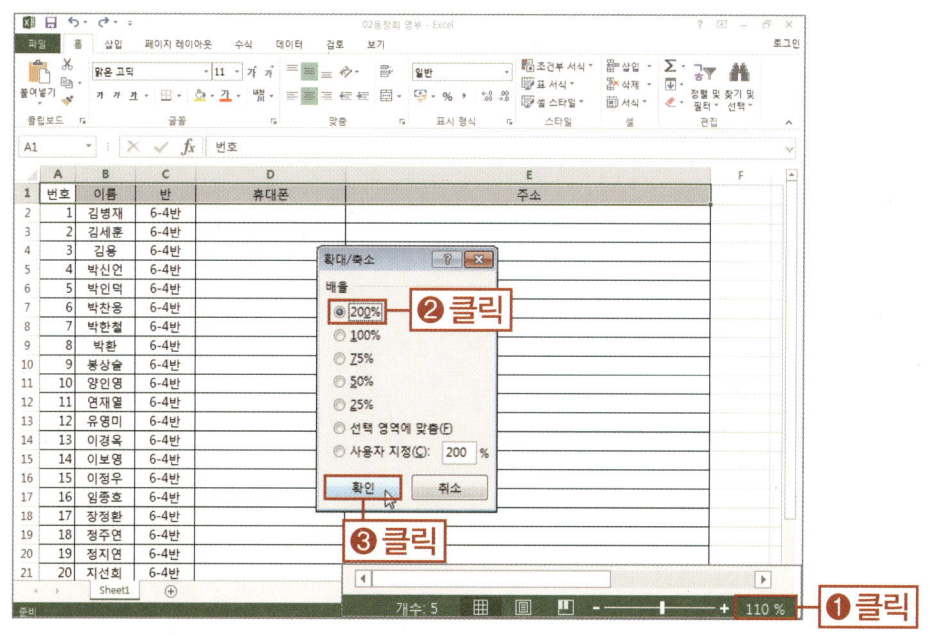

> **TIP** 글자 자체가 커지는 것이 아니라 화면 보기만 확대되는 것입니다.

1

'02연습01시간표.xlsx' 파일을 불러와 아래와 같이 입력한 후 완성된 파일의 화면을 150%로 확대하여 확인해 보세요.

	A	B	C	D	E	F	G	H
1								
2		월요일	화요일	수요일	목요일	금요일	토요일	
3	1교시							
4	2교시							
5	3교시							
6	4교시							
7	5교시							
8	6교시							
9	7교시							
10								
11								
12								

HINT B2셀('월요일')을 선택한 후 채우기 핸들을 클릭한 상태로 G2셀까지 드래그하여 요일 자동 채우기 → A3셀을 선택한 후 채우기 핸들을 클릭한 상태로 A9셀까지 드래그하여 자동 채우기 → 상태 표시줄의 [확대](+) 단추를 클릭해 확대

2

'02연습02자동채우기.xlsx' 파일을 불러와 복사 또는 연속으로 데이터 채우기를 실행해서 아래와 같이 만들어 보세요.

	A	B	C	D	E	F	G	H
	셀 복사	연속으로 데이터 채우기	셀 복사	연속으로 데이터 채우기	셀 복사	연속으로 데이터 채우기	셀 복사	연속으로 데이터 채우기
2	S24101	1 1개	A01-01	5	137 B11-F07	70		
3	S24101	2 1개	A01-02	5	138 B11-F07	71		
4	S24101	3 1개	A01-03	5	139 B11-F07	72		
5	S24101	4 1개	A01-04	5	140 B11-F07	73		
6	S24101	5 1개	A01-05	5	141 B11-F07	74		
7	S24101	6 1개	A01-06	5	142 B11-F07	75		
8	S24101	7 1개	A01-07	5	143 B11-F07	76		
9	S24101	8 1개	A01-08	5	144 B11-F07	77		
10	S24101	9 1개	A01-09	5	145 B11-F07	78		
11								

HINT A2셀을 선택한 후 채우기 핸들을 클릭한 상태로 A10셀까지 드래그 → [자동 채우기 옵션](📋) 단추를 클릭하여 [셀 복사] 선택 → B2셀을 선택한 후 채우기 핸들을 클릭한 상태로 B10셀까지 드래그 → [자동 채우기 옵션](📋) 단추를 클릭하여 [연속 데이터 채우기] 선택 → 나머지 셀도 동일한 방법으로 내용 삽입

SECTION 03

행 높이 · 열 너비 조정으로
주간 스케줄러 만들기

시작하면서 행 높이와 열 너비를 조정하는 방법을 익혀 주간 스케줄러의 틀을 만들고 글꼴 변경과 정렬을 변경하는 방법을 익혀 요일이나 메모 칸의 글자를 꾸며 봅니다. 또한 셀 색상을 변경하는 방법과 스케줄러 내용을 복사하여 주간 스케줄러를 완성시켜 봅니다.

핵심포인트 열 너비 · 행 높이 바꾸기, 글꼴 설정하기, 셀 색상 바꾸기, 복사/붙여넣기, 가운데 정렬하기

미리보기

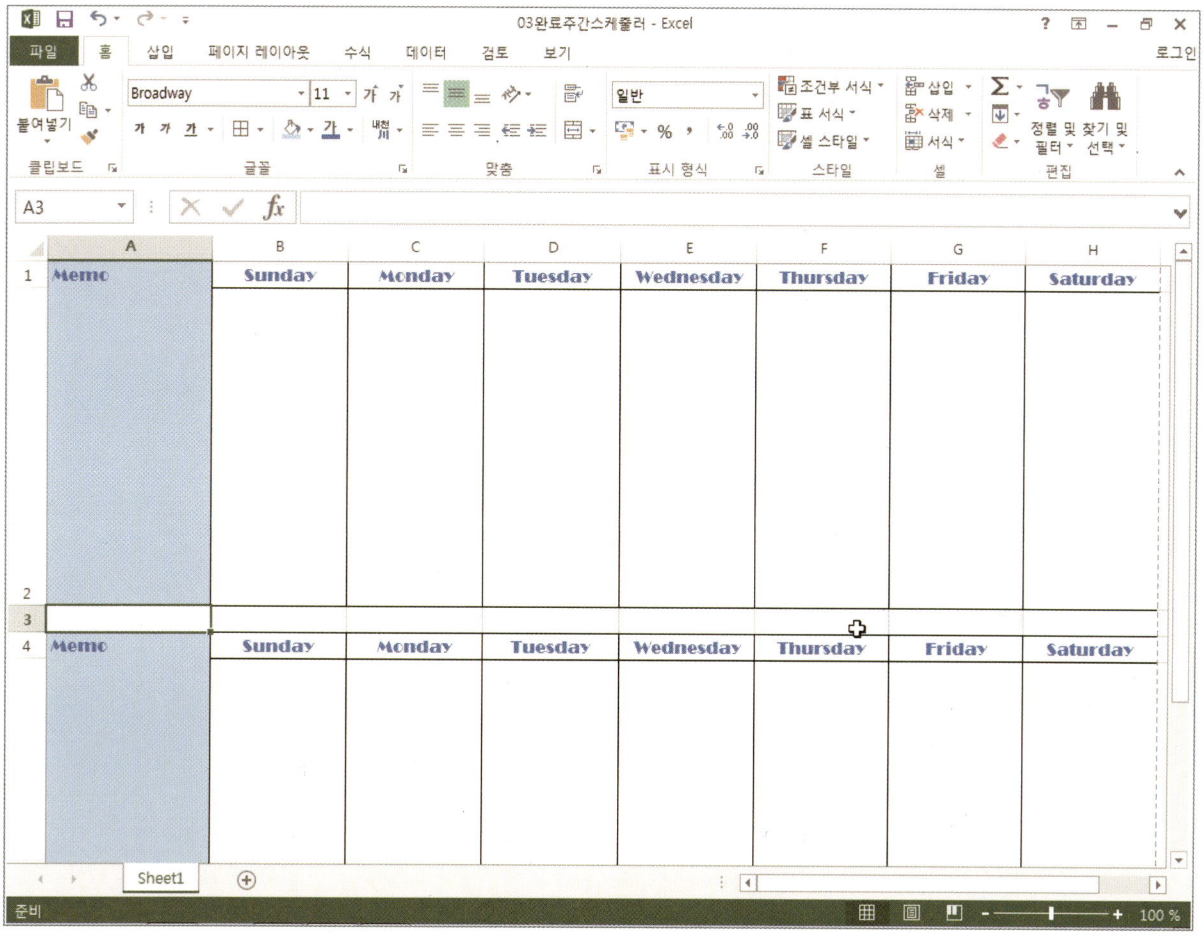

1 새 통합 문서를 엽니다. A1셀에는 'Memo'를, B1셀에 'Sunday'를 입력한 후 B2셀의 채우기 핸들을 클릭한 상태로 H2셀까지 드래그하여 요일을 입력합니다.

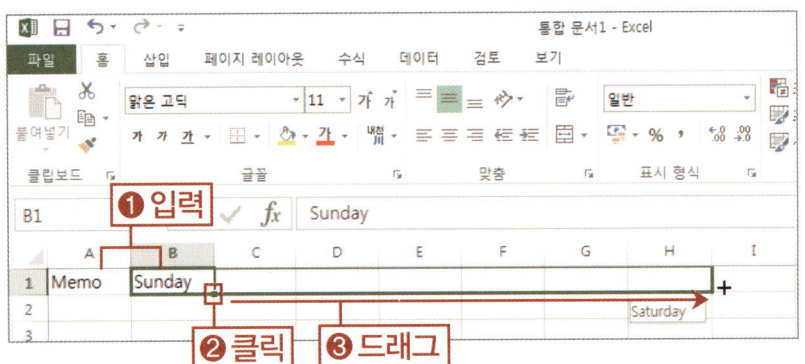

2 A1셀과 A2셀을 드래그하여 선택합니다. 이후 [홈] 탭-[글꼴] 그룹에 있는 [채우기 색](의 목록 단추()를 클릭하고 [파랑, 강조 1, 60% 더 밝게]를 클릭하여 색상을 바꿉니다.

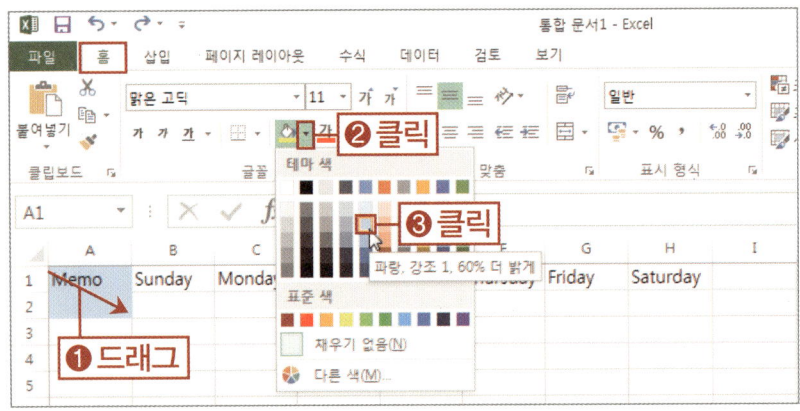

> **TIP 색상 자유롭게 선택하기**
>
> [채우기] 색의 목록 단추를 눌러 나오는 색상이 맘에 안 들면 메뉴의 맨 아래 부분에 있는 [다른 색]을 선택합니다. 다음과 같이 '색' 대화상자가 나타나면 [표준] 탭이나 [사용자 지정] 탭에서 원하는 색상을 고를 수 있습니다.
>
>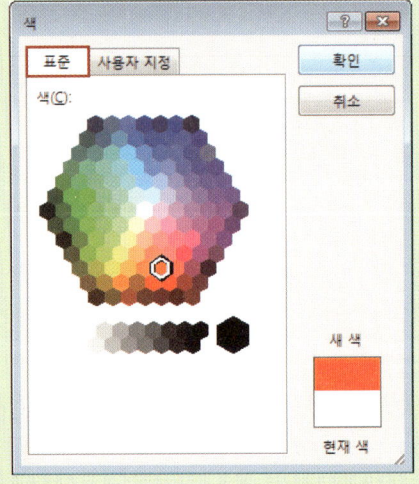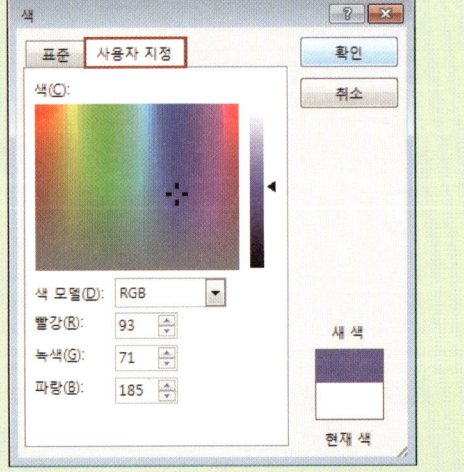

3

열 너비를 바꾸기 위해 A열 위에서 마우스 오른쪽 버튼을 클릭한 후 [열 너비]를 선택합니다. '열 너비' 대화상자가 나타나면 '17'을 입력한 후 [확인]을 클릭합니다.

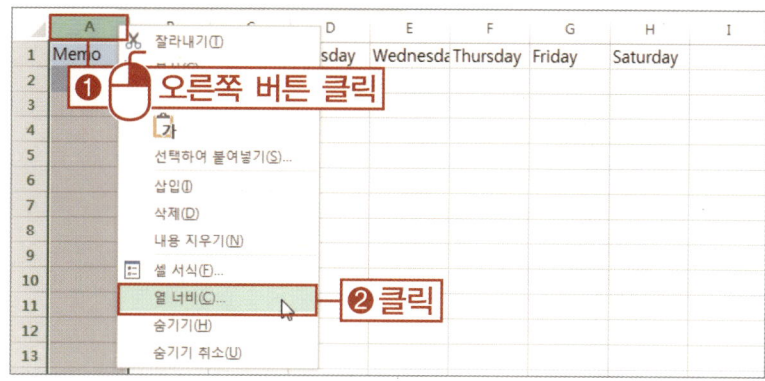
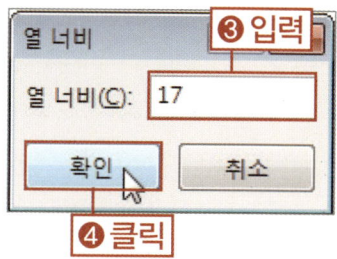

4

이번에는 요일이 입력된 B열부터 H열까지 열머리글을 드래그한 후 마우스 오른쪽 버튼을 클릭합니다. [열 너비]를 선택한 후 '열 너비' 대화상자가 나타나면 '14'를 입력하고 [확인]을 누릅니다.

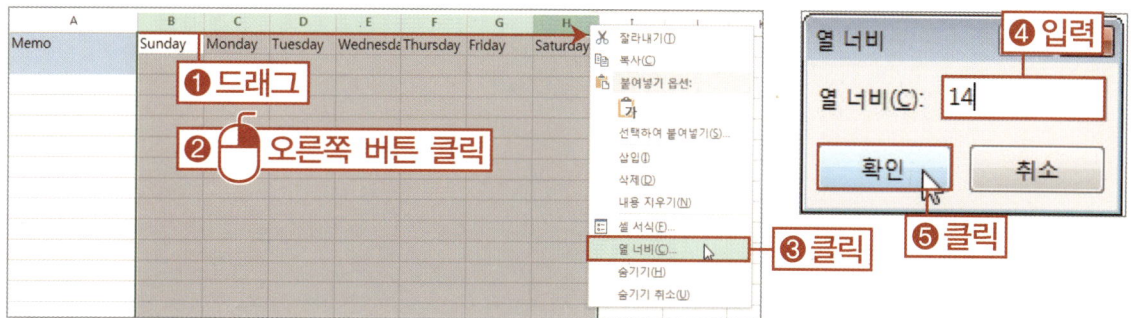

5

A4:H5셀에 A1:H2셀 내용을 붙여넣기 위해 A1:H2셀을 드래그하여 선택한 후 [클립보드] 그룹에서 [복사](🗐 ▾) 단추를 클릭합니다.

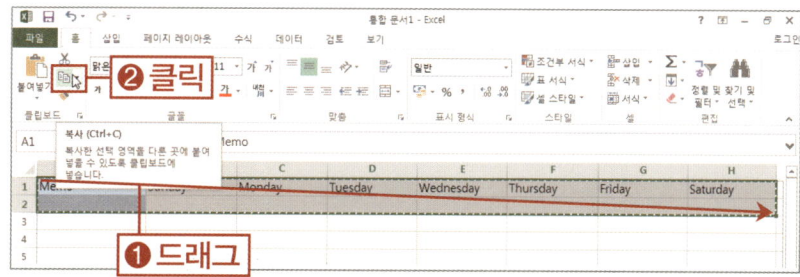

> **TIP**
> - A2:H2셀처럼 각각의 셀 중간에 ':'가 들어가면 A2셀부터 H2셀까지 연속된 셀 데이터를 선택했다는 것을 의미합니다.
> - 키보드의 Ctrl + C 를 누르면 복사가, Ctrl + V 를 누르면 붙여넣기가 동일하게 이루어집니다.

6 A4셀을 클릭한 후 [붙여넣기]( ) 단추를 클릭합니다. 복사가 완료되면 Esc 를 눌러 선택되어 있는 부분을 해제합니다.

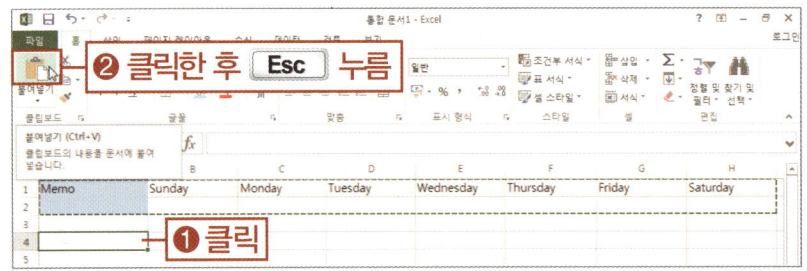

7 2행 행머리글을 클릭한 후 Ctrl 을 누른 채 5행 행머리글을 클릭하여 떨어져 있는 행 머리글을 각각 선택합니다. 이후 5행 행머리글 위에 마우스 오른쪽 버튼을 클릭한 후 [행 높이]를 선택합니다. '행 높이' 대화상자가 나타나면 '200'을 입력한 후 [확인]을 클릭합니다.

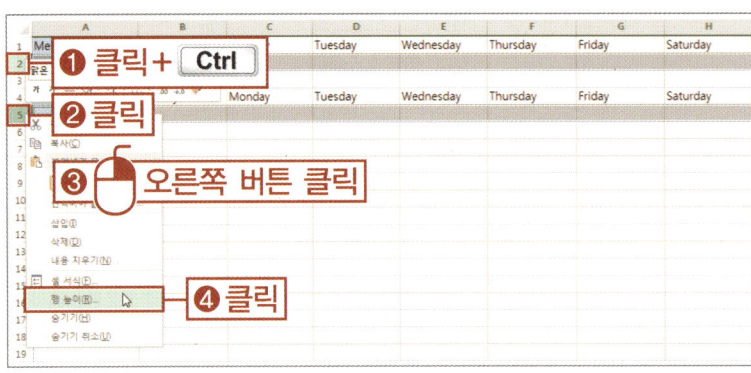

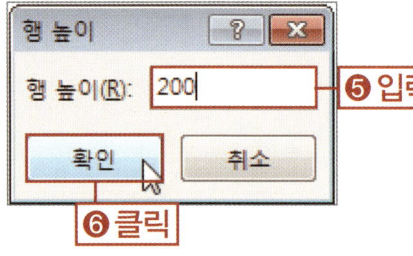

STEP 3 글꼴과 테두리 설정하기

8 A1:H4셀을 드래그하여 선택합니다. [홈] 탭-[글꼴] 그룹에서 [글꼴]의 목록 단추( )를 클릭한 다음 글꼴 목록에서 [Broadway]를 선택합니다.

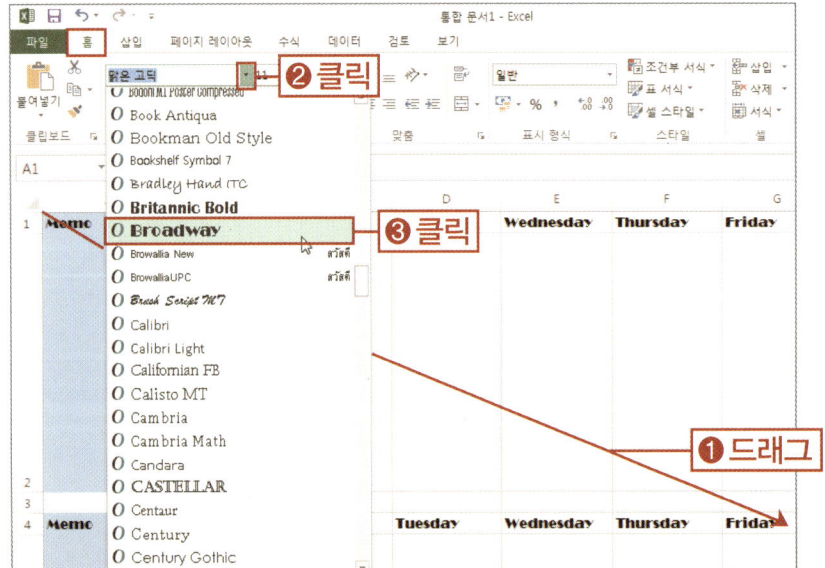

9 글꼴 색을 바꾸기 위해 [글꼴 색](가 ▾)의 목록 단추(▾)를 클릭한 후 '표준 색'에서 [파랑]을 선택합니다. 색상이 바뀌면 아무 셀이나 선택해서 블록 설정을 해제합니다.

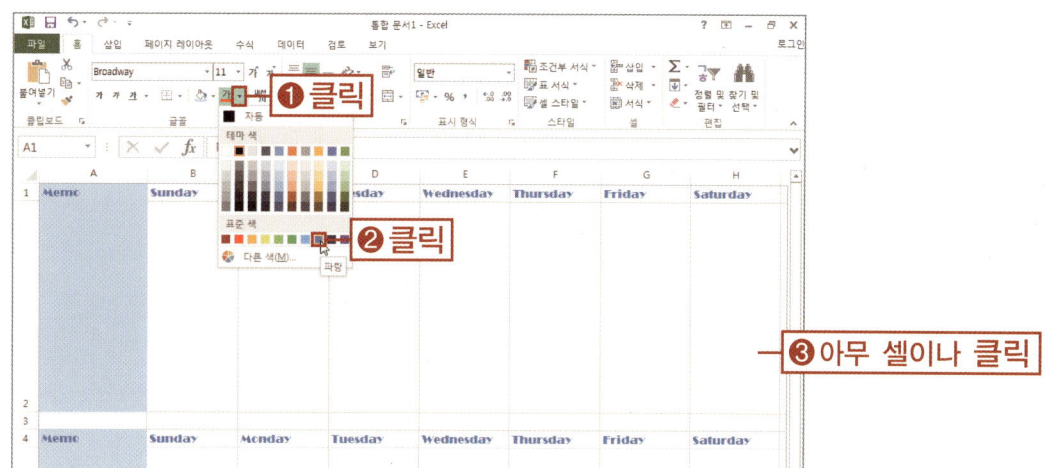

10 B1:H2셀을 드래그한 후 Ctrl 을 누른 채 B4:H5셀을 다시 드래그하여 동시 선택합니다. [글꼴] 그룹에 있는 [테두리]의 목록 단추(▾)를 클릭한 후 [모든 테두리]를 선택하여 테두리를 설정합니다.

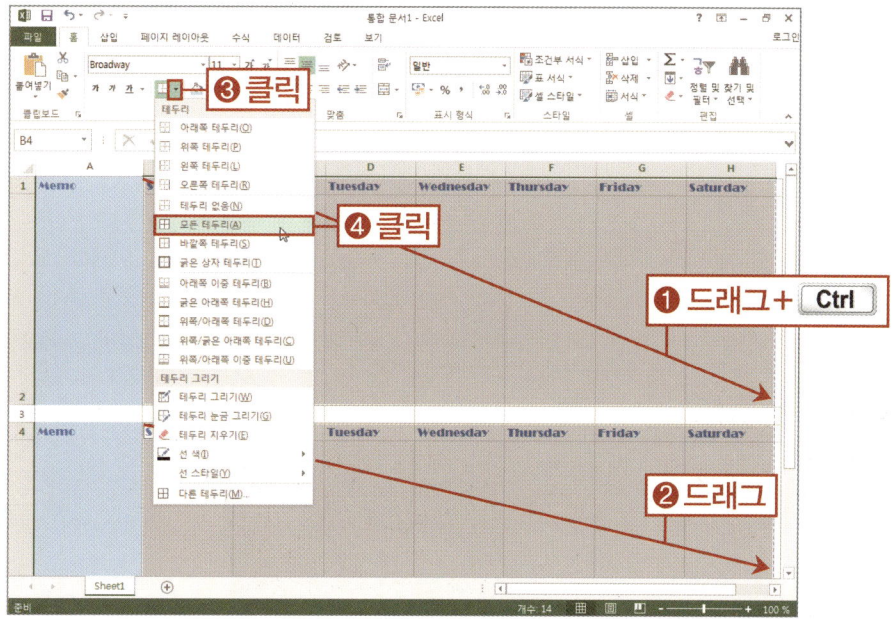

11 이후 [맞춤] 그룹에 있는 [가운데 맞춤](≡)을 선택해서 요일명이 가운데에 가도록 합니다.

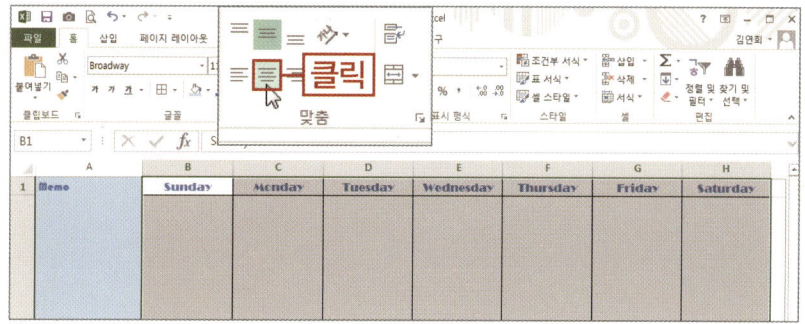

1 새 통합 문서를 불러와 다음과 같은 모양의 달력을 만들어 보세요.

 HINT
- 1행 행 높이: 50
- 3행~7행의 행 높이: 100
- A열~G열의 열 너비: 10
- D1셀의 글꼴: HY산B(없으면 원하는 글꼴로)
- A2:G7셀의 테두리: 모든 테두리
- A1:G2셀 정렬: 가운데 맞춤
- A2:A7셀의 글꼴 색: 빨강
- G2:G6셀의 글꼴 색: 파랑

2 '03연습02한국십진분류표.xls' 파일을 불러와 다음과 같은 모양이 되도록 완성해 보세요.

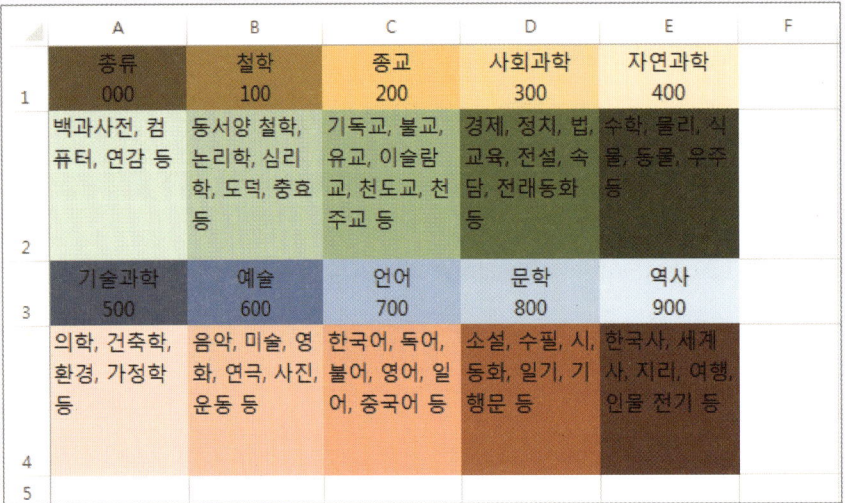

 HINT
- 1행과 3행 행 높이: 35
- 2행과 4행 행 높이: 80
- A열~E열 열 너비: 12
- A1:E1셀, A3:E3셀의 정렬: 가운데 맞춤
- A1:E4셀의 색상은 원하는 색상에 맞춰 바꿔 보세요.

수식과 자동 합계 기능 알아보기

시작하면서 사칙연산(+, −, /, *) 기호를 이용한 간단한 수식과 자동 합계 기능을 사용해서 수치를 계산하는 방법을 알아봅니다. 또한 데이터 형식을 바꾸어 보기 편한 형식으로 변환하는 방법과 열 너비나 행 높이의 경계를 더블 클릭하여 자동으로 알맞게 너비나 높이를 조정하는 방법을 살펴보도록 하겠습니다.

핵심포인트 수식, 자동 합계, 열 너비 자동 조절하기, 데이터 표시 형식 바꾸기

미리보기

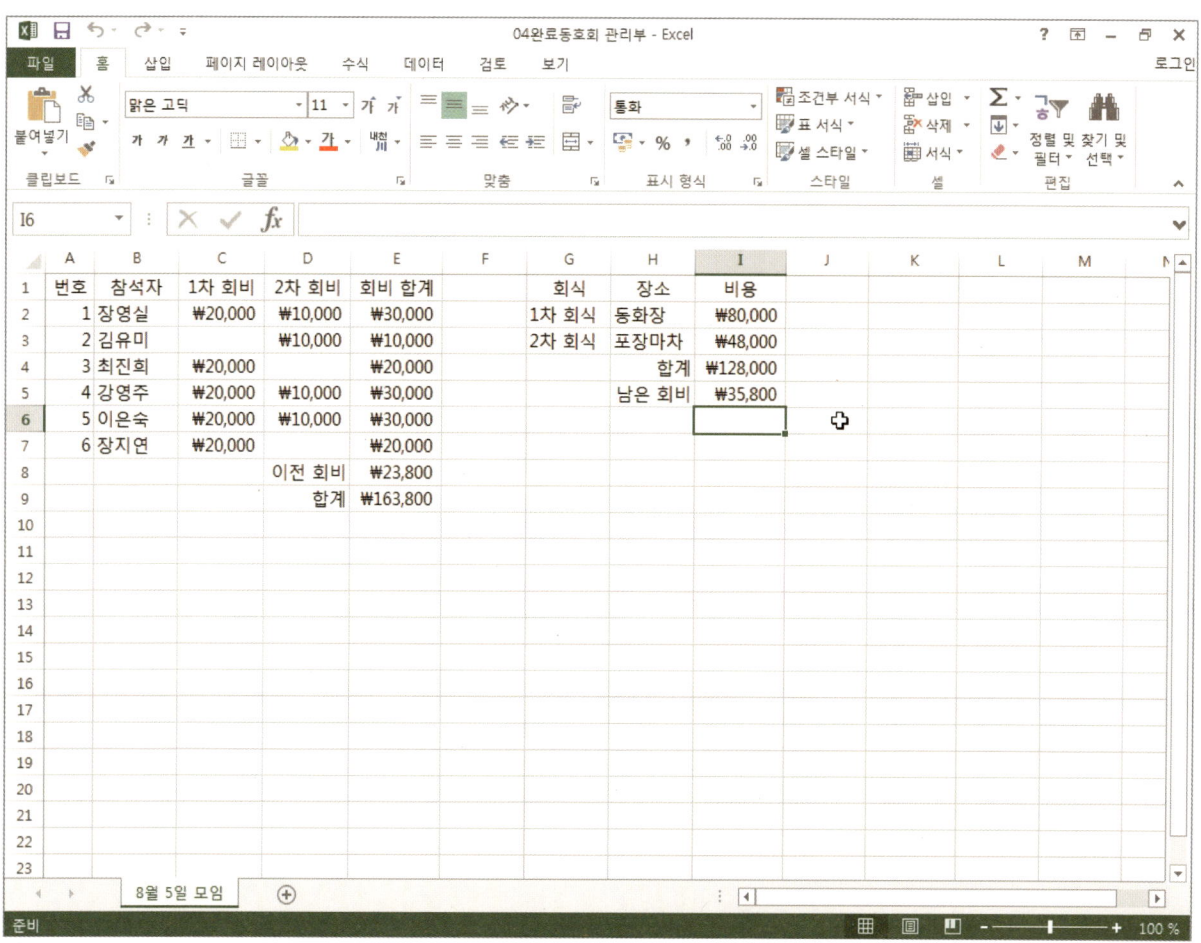

1 '04동호회 관리부.xls' 파일을 불러옵니다. E2셀을 클릭한 후 수식을 입력하기 위해 수식의 시작을 알리는 '='을 입력합니다. 이후 1차 회비(C2셀의 값)와 2차 회비(D2셀의 값)를 더하기 위해 'C2+D2'를 입력하고 Enter 를 누릅니다.

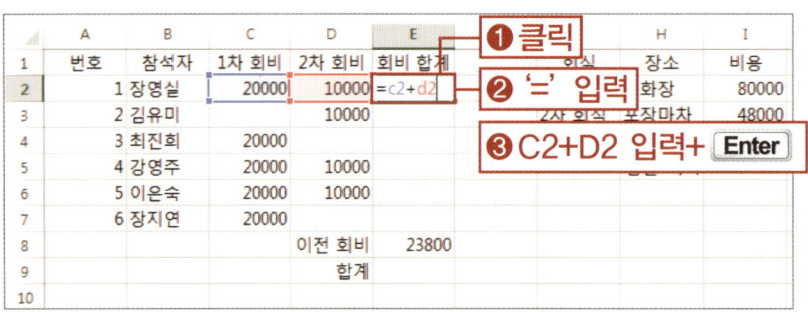

> **TIP** 합계를 내고자 하는 셀을 직접 마우스로 드래그해 선택하거나 Ctrl 을 누른 채 각각 선택해도 됩니다.

2 수식이 들어 있는 E2셀을 선택한 후 채우기 핸들을 클릭해 E7셀까지 드래그하여 수식을 자동으로 채웁니다.

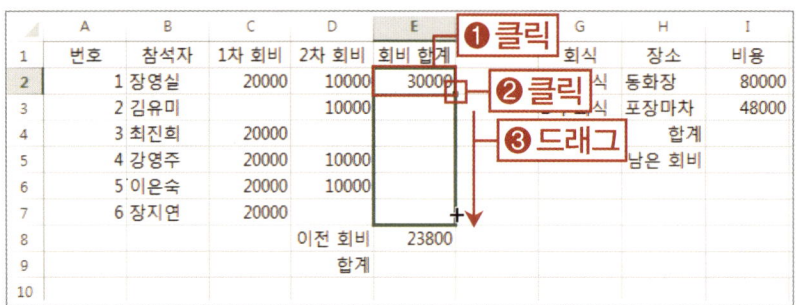

3 모임에 참석한 회원들이 낸 회비와 이전 회비의 합계를 내기 위해 E9셀을 선택합니다. [홈] 탭-[편집] 그룹의 [합계](Σ·) 단추를 클릭하면 합계를 낼 셀이 자동으로 선택됩니다. Enter 를 눌러 계산을 완료합니다.

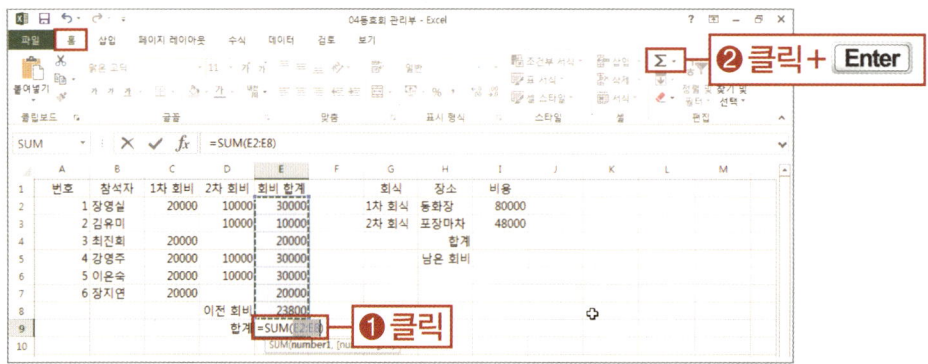

> **TIP** 어떤 셀을 선택한 후 [합계](Σ·)를 클릭하면 그 셀과 인접한 셀 중에서 숫자가 들어 있는 연속적인 셀들의 합을 알 수 있습니다.

4 이번에는 'SUM' 함수를 직접 입력해 합계를 계산합니다. 회식비의 합계를 내기 위해 I4셀을 클릭한 후 '=sum(I2:I3)'를 입력하고 **Enter**를 누릅니다.

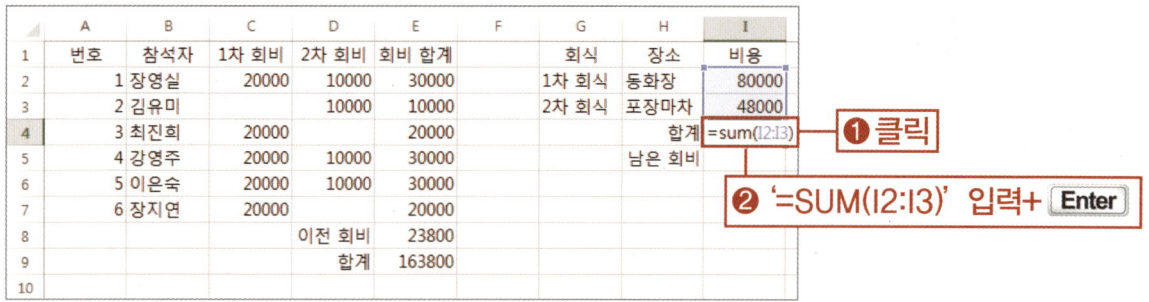

5 이번에는 남은 회비를 계산하기 위해서 I5셀을 선택한 후 '='을 입력합니다. 총 회비의 합계에서 회식 비용의 합계를 빼야 하므로 E9셀을 클릭하고 I5셀에 '-'를 입력합니다. 이후 I4셀을 클릭하고 **Enter**를 누릅니다.

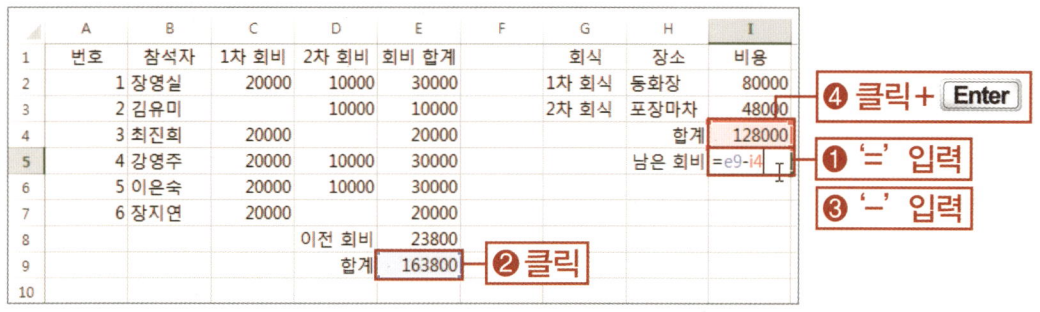

> **TIP** 나누기 기호(÷)는 '/'를 쓰고 곱하기 기호(×)는 '*'를 사용합니다.

STEP 2 ▶ 표시 형식 설정하기와 열 너비 자동 조절하기, 시트명 바꾸기

6 금액을 보기 편하게 만들기 위해 금액이 들어 있는 C2:I9셀을 드래그한 후 [홈] 탭-[표시 형식] 그룹의 [쉼표 스타일](,)을 선택합니다.

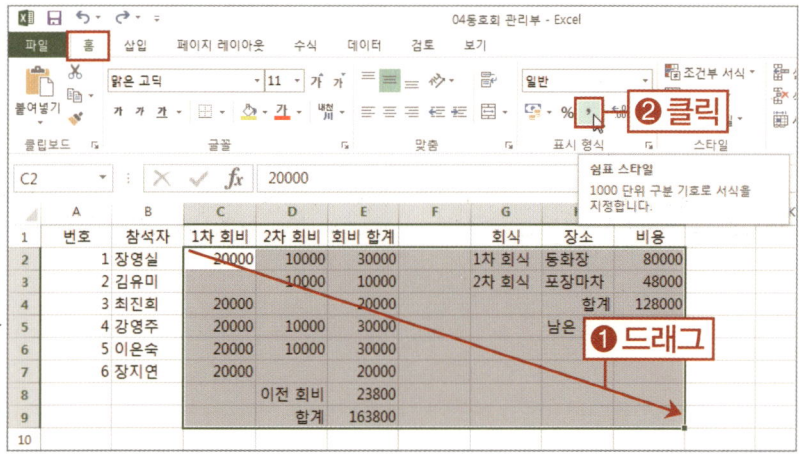

7 원화 표시를 나타나게 하기 위해 [표시 형식]의 목록 단추(▾)를 클릭한 후 [통화]를 선택합니다.

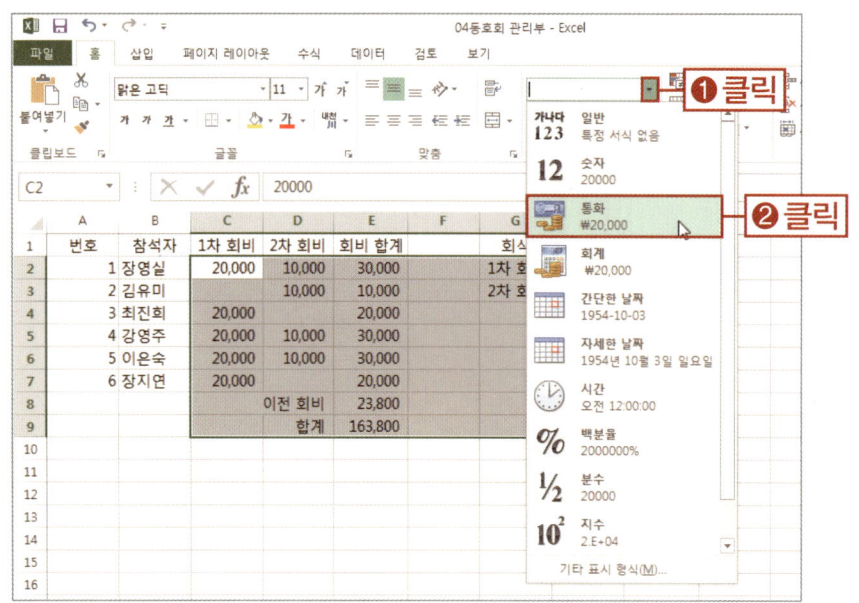

8 A열과 B열 사이 경계선에 마우스 포인터를 갖다 대면 포인터 모양이 그림 처럼 바뀝니다. 이때 더블 클릭을 하면 왼쪽 열(A열)에서 가장 긴 내용에 맞춰 열 너비가 자동으로 줄어들거나 늘어납니다.

9 Sheet1이라는 기본 시트 제목을 더블 클릭한 후 왼쪽 그림처럼 블록 설정 이 되면 시트명을 '8월 5일 모임' 이라고 입력한 후 **Enter** 를 눌러 입력을 종료합니다.

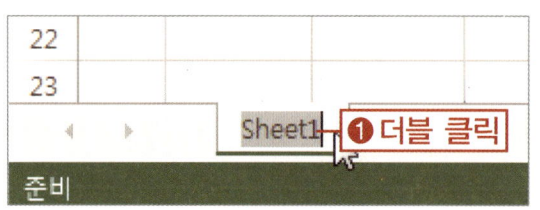

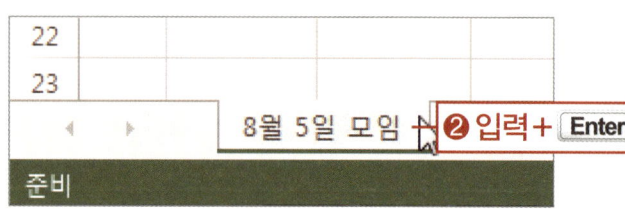

> **TIP** 시트명 위에 마우스 오른쪽 버튼을 클릭한 후 [이름 바꾸기]를 선택해도 됩니다.

1 '04연습01가계부.xlsx' 파일을 불러와 다음과 같이 적용해 보세요.

	A	B	C	D	E	F
1	날짜	판매처	품목	단가	개수	합계
2	2017-04-24	성대떡집	미숫가루	5000	1	
3	2017-04-24	땡땡마트	소면	2000	2	
4	2017-04-24	땡땡마트	고추장	8800	1	
5	2017-04-25	성대떡집	인절미	2000	2	
6	2017-04-25	시장	옥수수	2000	2	
7					합계	

	A	B	C	D	E	F
1	날짜	판매처	품목	단가	개수	합계
2	2017-04-24	성대떡집	미숫가루	₩5,000	1	₩5,000
3	2017-04-24	땡땡마트	소면	₩2,000	2	₩4,000
4	2017-04-24	땡땡마트	고추장	₩8,800	1	₩8,800
5	2017-04-25	성대떡집	인절미	₩2,000	2	₩4,000
6	2017-04-25	시장	옥수수	₩2,000	2	₩4,000
7					합계	₩25,800

- F2셀: '단가'와 '개수'를 곱한 값. 곱하기 기호는 '*'
- 나머지 합계: 자동 채우기 이용하기
- F7셀: 위 수치의 합계가 들어가도록 자동 합계 기능을 이용하여 계산하기
- D열과 F열에 있는 셀의 표시 형식을 '통화'로 변경하기
- D열, E열, F열의 열 너비: 열머리글 경계를 더블 클릭하여 자동으로 줄이기

2 '04연습02성적표.xls' 파일을 불러와 다음과 같이 적용해 보세요.

	A	B	C	D	E	F	G
1						시험날짜	07월 18일
2							
3	번호	이름	국어	영어	수학	합계	평균
4	1	홍길동	80	90	70		
5	2	한석찬	70	60	80		
6	3	강명숙	80	70	90		
7	4	이강자	90	80	85		
8	5	안동성	100	65	75		

	A	B	C	D	E	F	G
1						시험날짜	07월 18일
2							
3	번호	이름	국어	영어	수학	합계	평균
4	1	홍길동	80	90	70	240	80
5	2	한석찬	70	60	80	210	70
6	3	강명숙	80	70	90	240	80
7	4	이강자	90	80	85	255	85
8	5	안동성	100	65	75	240	80

- F4셀: 자동 합계 기능을 이용해서 합계 구하기
- G4셀: 수식을 이용해서 평균 구하기. 나누기 기호는 '/'
- 나머지 합계와 평균: 자동 채우기 이용하기
- A열~G열: 열 너비 자동으로 조정하기
- 시트명: '7월'로 변경하기

SECTION 05 파일 인쇄하기

시작하면서

이번 장에서는 파일을 원하는 형식으로 인쇄하는 방법을 익혀봅니다. 인쇄할 내용의 크기와 상관없이 한 페이지에서 확대 또는 축소해서 인쇄하는 방법, 여백을 설정하는 방법, 인쇄 미리보기 화면을 보는 방법, 그리고 인쇄를 빨리 하기 위해 빠른 실행 도구 모음에 [인쇄 미리보기/인쇄] 아이콘을 추가하는 방법 등을 배워봅니다.

핵심포인트

빠른 실행 도구 모음 기능(인쇄 미리보기 추가), 인쇄, 페이지 확대/축소, 기타 인쇄 옵션

미리보기

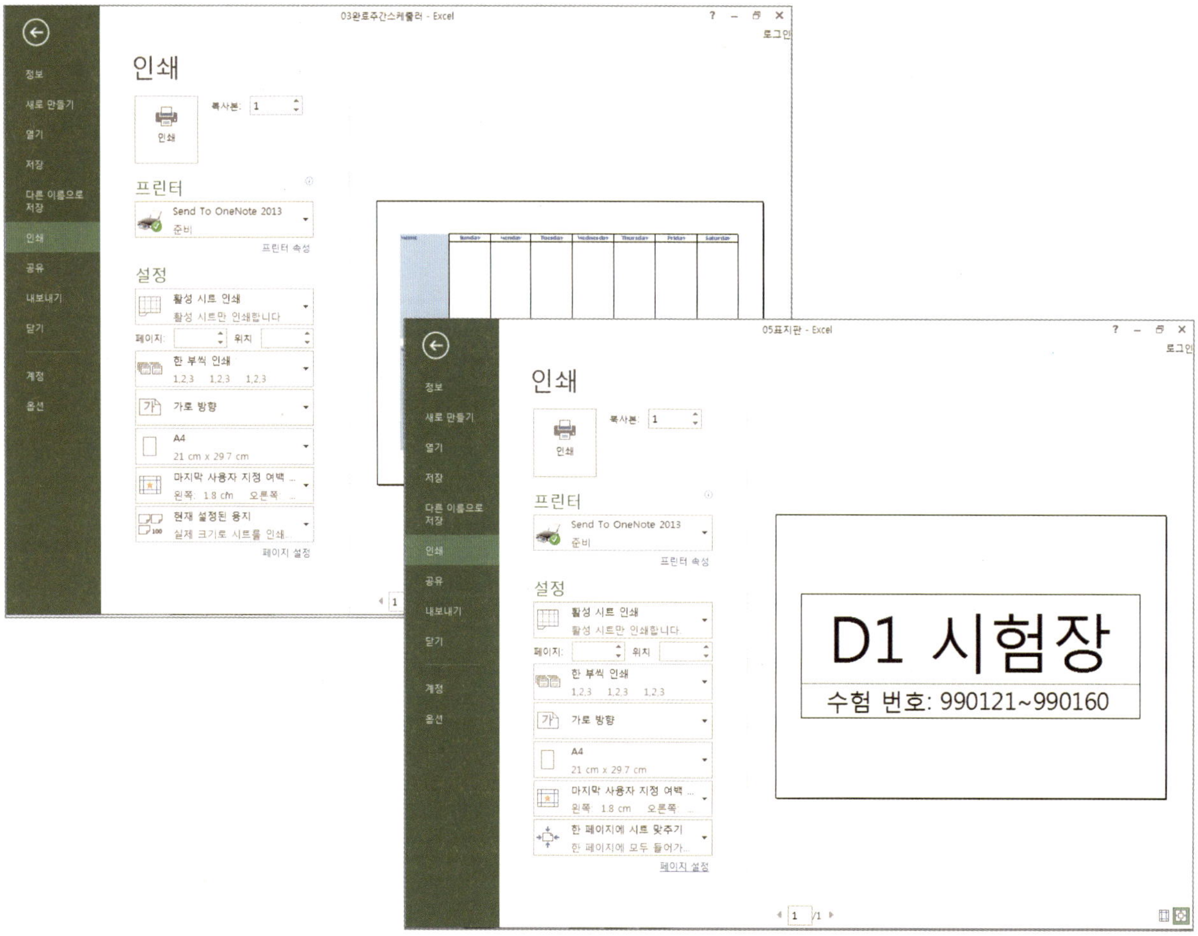

1 '05완료주간스케줄러.xlsx' 파일을 불러옵니다. 빠른 실행 도구 모음의 목록 단추(▼)를 클릭하면 아래와 같은 목록이 나타납니다. 그중 [인쇄 미리 보기/인쇄]를 선택하여 빠른 실행 도구 모음에 추가합니다. 빠른 실행 도구 모음에 [인쇄 미리 보기/인쇄](🔍) 단추가 생성되면 클릭합니다.

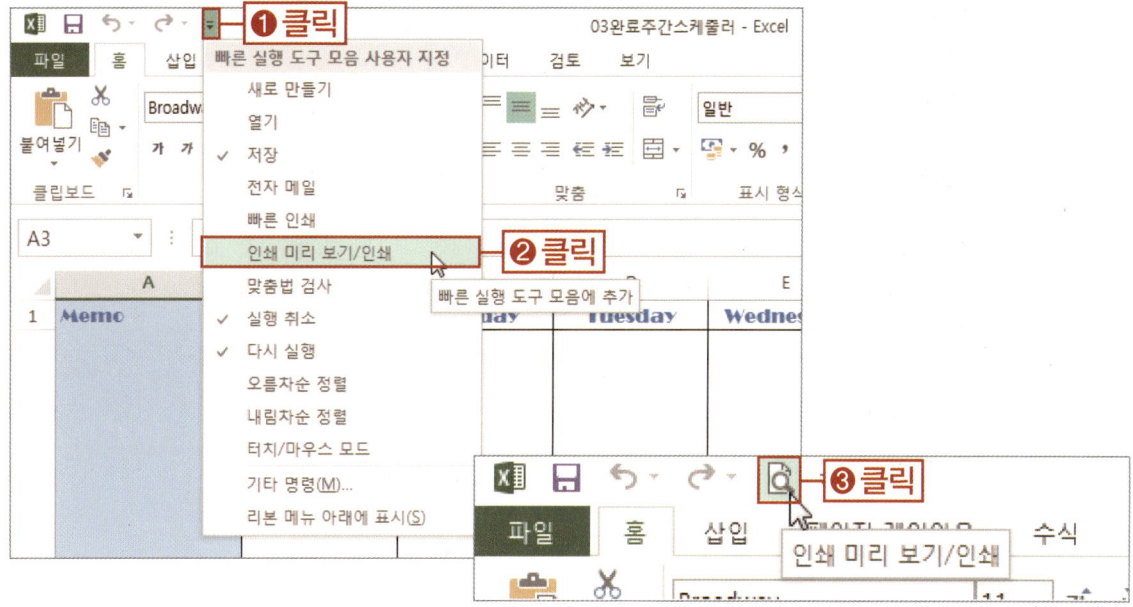

2 다음과 같이 인쇄 미리보기 화면이 우측에 나타나고 좌측에는 프린터 선택, 인쇄 설정, 페이지 설정 부분이 나타납니다. [다음 페이지](▶)단추를 클릭해서 다음 페이지 인쇄 모양을 확인합니다.

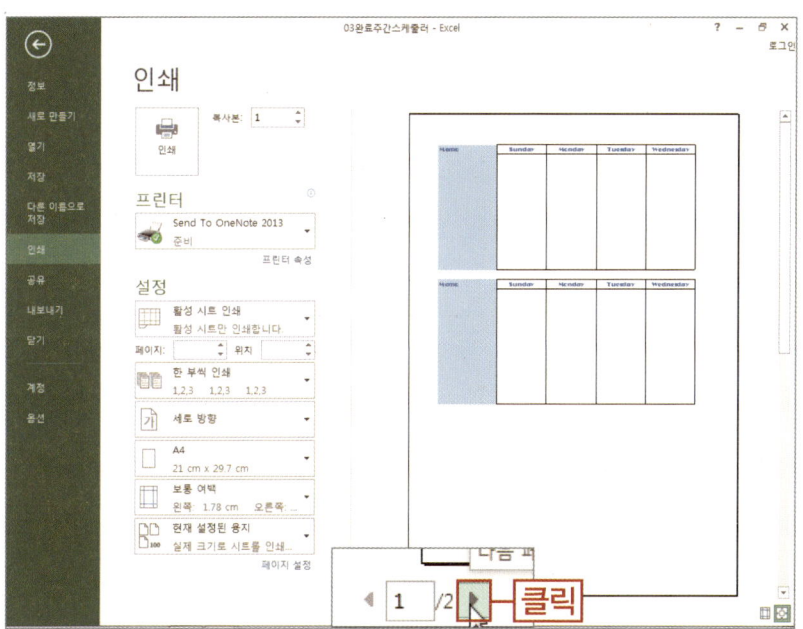

TIP 창의 하단에는 인쇄할 내용의 전체 페이지 수와 현재 페이지 수를 알 수 있습니다. 위의 경우 1/2라고 나타나 있습니다. 이것은 전체 페이지 수가 2페이지이고 현재 보고 있는 페이지가 1페이지라는 것입니다.

3 일주일 전체가 한 페이지에 인쇄되도록 하기 위해 [세로 방향]을 클릭한 후 [가로 방향]을 선택합니다.

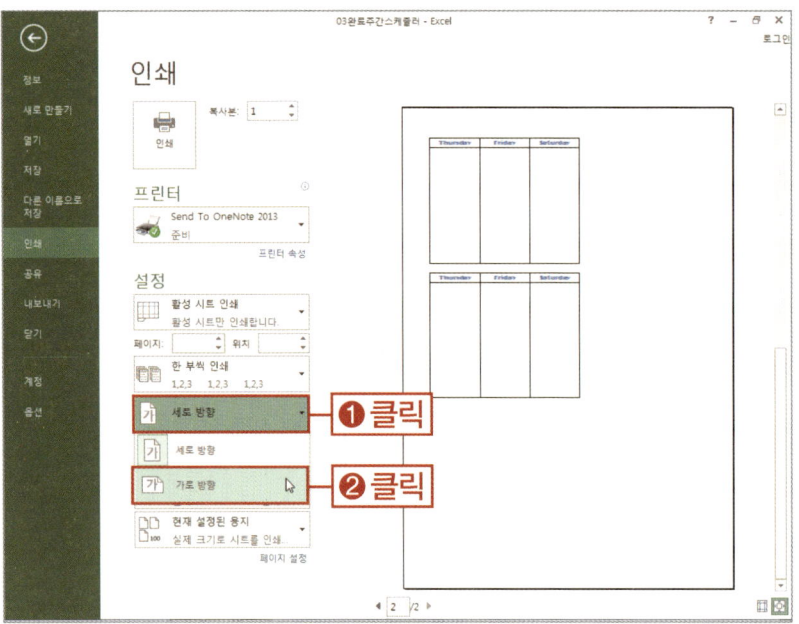

4 이번에는 페이지 설정을 바꿔보기 위해 [페이지 설정]을 클릭합니다.

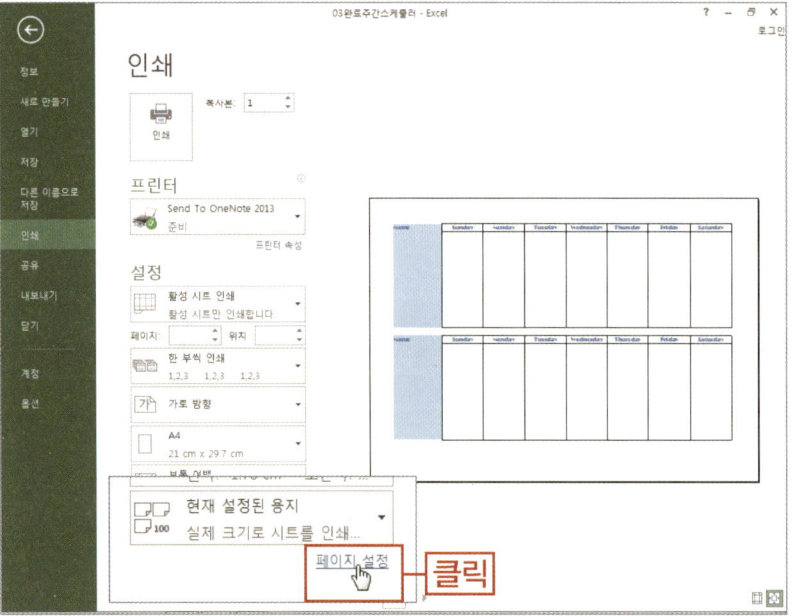

TIP [페이지 레이아웃]-[페이지 설정] 그룹의 우측 하단에 있는 [옵션]( ) 단추를 클릭해도 '페이지 설정' 대화상자를 열 수 있습니다.

5 이번에는 인쇄될 내용이 정중앙에 오도록 설정해 봅니다. '페이지 설정' 대화상자가 나타나면 [여백] 탭을 선택하고 '페이지 가운데 맞춤'의 [가로] 와 [세로] 체크박스를 모두 클릭해서 체크한 후 [확인]을 누릅니다.

TIP 위쪽, 머리글, 왼쪽, 오른쪽, 아래쪽, 바닥글의 여백을 직접 입력해 설정할 수 있습니다.

6 다음과 같이 스케줄러의 내용이 A4용지의 정중앙에 인쇄되는 것을 확인할 수 있습니다.

7 이번에는 '05표지판.xls' 파일을 불러온 후 빠른 실행 도구 모음에서 [인쇄 미리 보기/인쇄](🔍) 단추를 클릭합니다. 페이지 내용이 넘쳐 2페이지가 인쇄되므로 [현재 설정된 용지]를 클릭한 후 [한 페이지에 시트 맞추기]를 선택하여 내용이 한 페이지에 인쇄되도록 합니다.

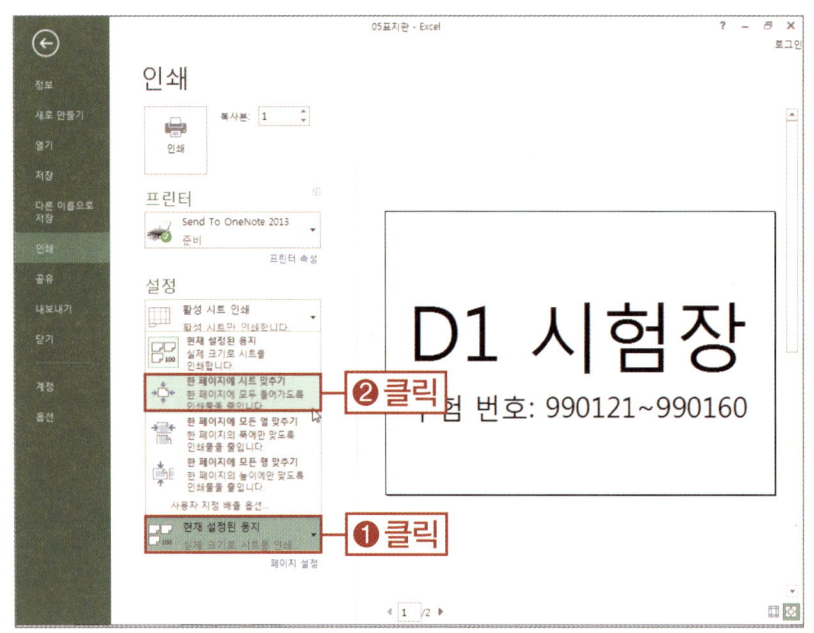

8 크기가 한 페이지에 맞게 축소됩니다. 이번에는 눈금선을 인쇄하기 위해 [페이지 설정]을 클릭합니다. '페이지 설정' 대화상자가 나타나면 [시트] 탭을 선택하고 '인쇄'의 [눈금선]을 체크한 후 [확인]을 클릭합니다.

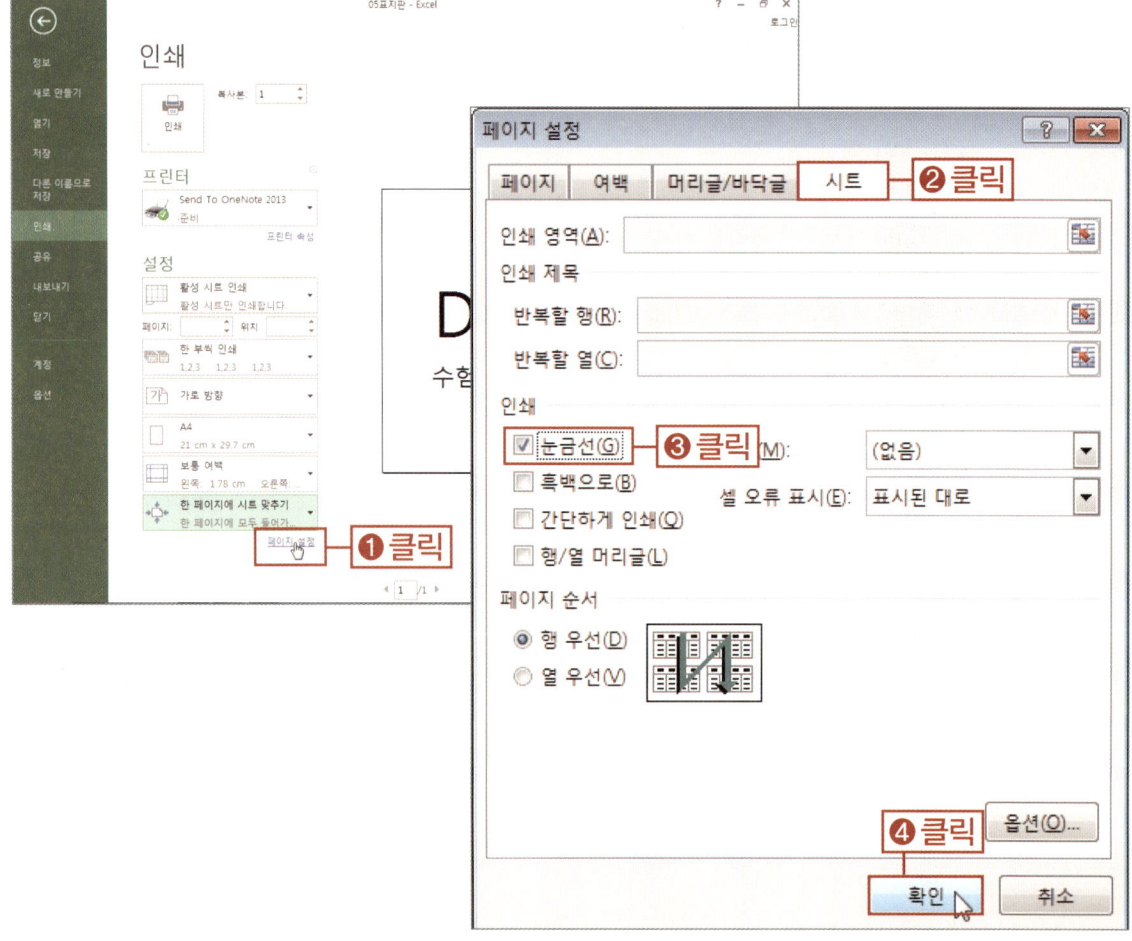

1

'05연습01거래처.xlsx' 파일을 불러와 다음과 같이 설정을 바꿔 인쇄해 보세요.

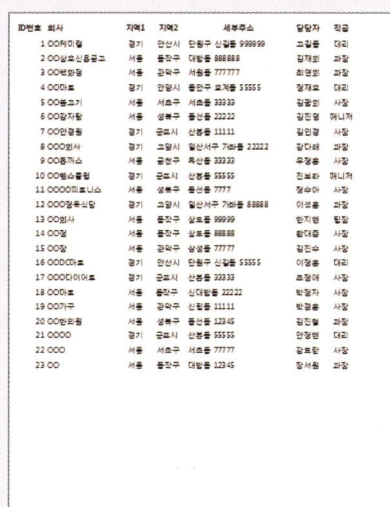

HINT
- 가로 방향 인쇄, 한 페이지에 시트 맞추기
- [페이지 설정] – [여백] 탭 – '페이지 가운데 맞춤'의 [가로] 선택
- [페이지 설정] – [시트] 탭 – '인쇄'의 [눈금 선] 선택

2

'05연습02이사문구.xlsx' 파일을 불러와 다음과 같이 설정을 바꿔 인쇄해 보세요.

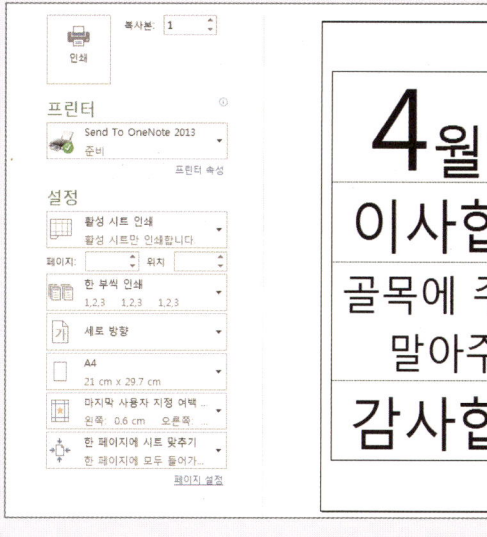

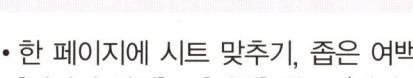

HINT
- 한 페이지에 시트 맞추기, 좁은 여백
- [페이지 설정] – [여백] 탭 – '페이지 가운데 맞춤'의 [세로] 선택

SECTION 06

정렬과 필터를 이용하여 내용 확인하기

시작하면서 이번 장에서는 셀 병합을 이용하여 서류 제목을 서류 상단 정중앙에 위치하도록 설정하는 방법과 항목명을 두 줄로 입력하기 위한 방법을 알아보도록 하겠습니다. 또한 작성되어 있는 엑셀 파일의 내용을 보기 편하게 바꾸는 정렬 방법과 자신이 보고 싶은 것만 뽑아서 볼 수 있는 필터 사용법에 대해서 익혀보도록 합니다.

핵심포인트 셀 병합, 셀 안에서 줄 바꿔 입력하기, 정렬, 필터

미리보기

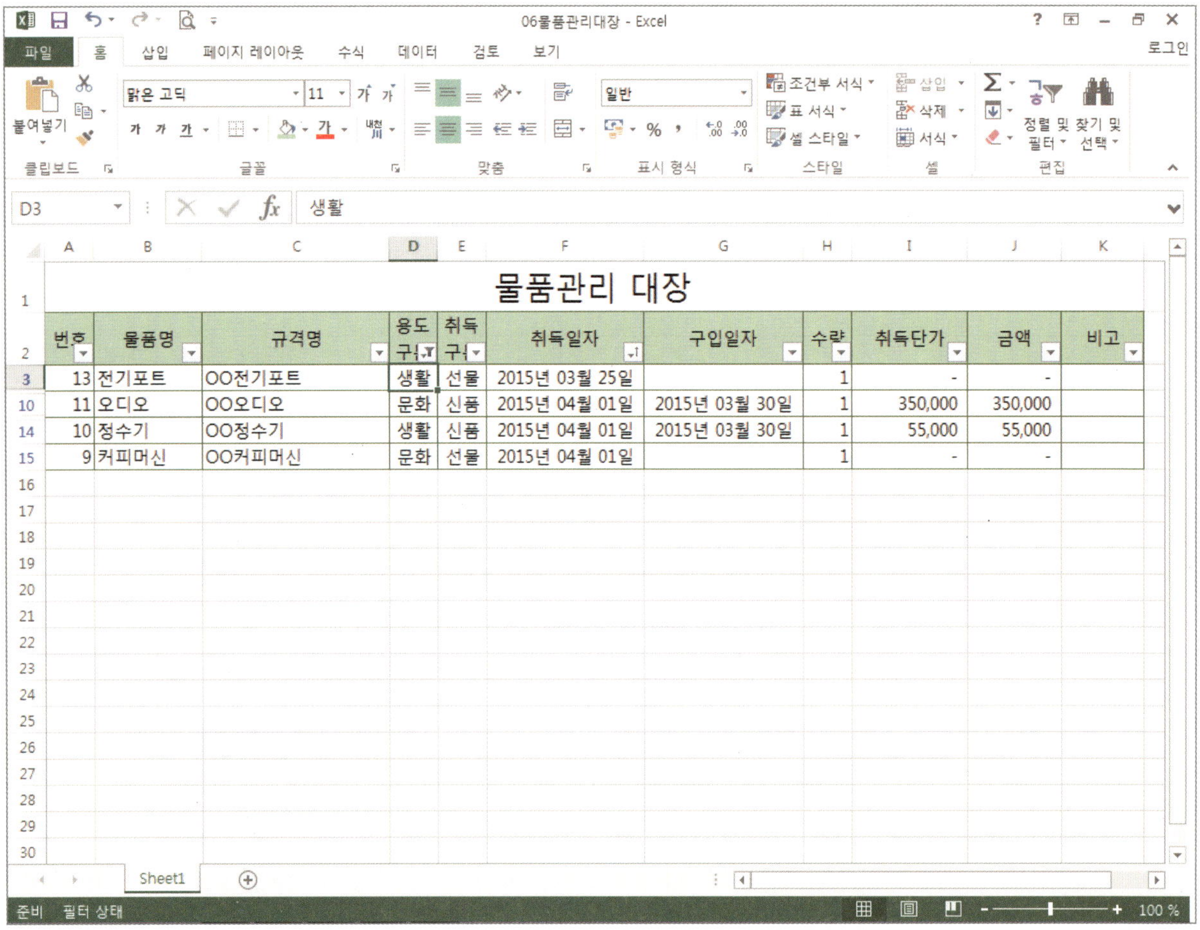
06물품관리대장 - Excel
물품관리 대장
번호
물품명
규격명
용도 구분
취득 구분
취득일자
구입일자
수량
취득단가
금액
비고
13 전기포트 OO전기포트 생활 선물 2015년 03월 25일 1
11 오디오 OO오디오 문화 신품 2015년 04월 01일 2015년 03월 30일 1 350,000 350,000
10 정수기 OO정수기 생활 신품 2015년 04월 01일 2015년 03월 30일 1 55,000 55,000
9 커피머신 OO커피머신 문화 선물 2015년 04월 01일 1
Sheet1
준비 필터 상태

1 '06물품관리대장.xls' 파일을 불러옵니다. A1:K1셀을 드래그한 후 [홈]
탭-[맞춤] 그룹에서 [병합하고 가운데 맞춤](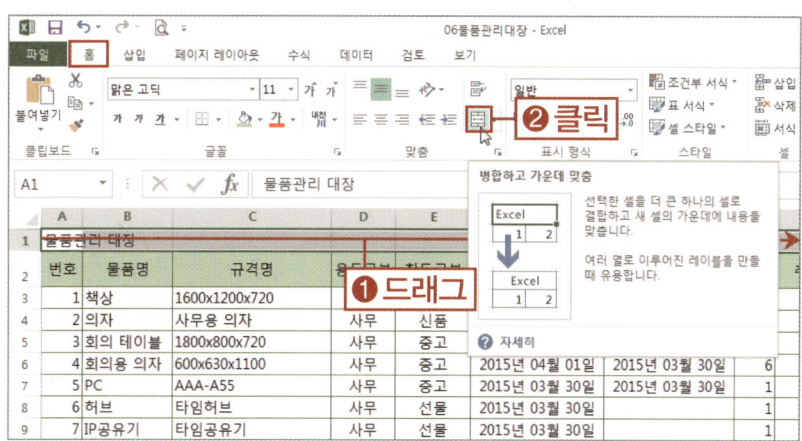)을 클릭하여 문서의 제목
을 정중앙으로 위치시킵니다.

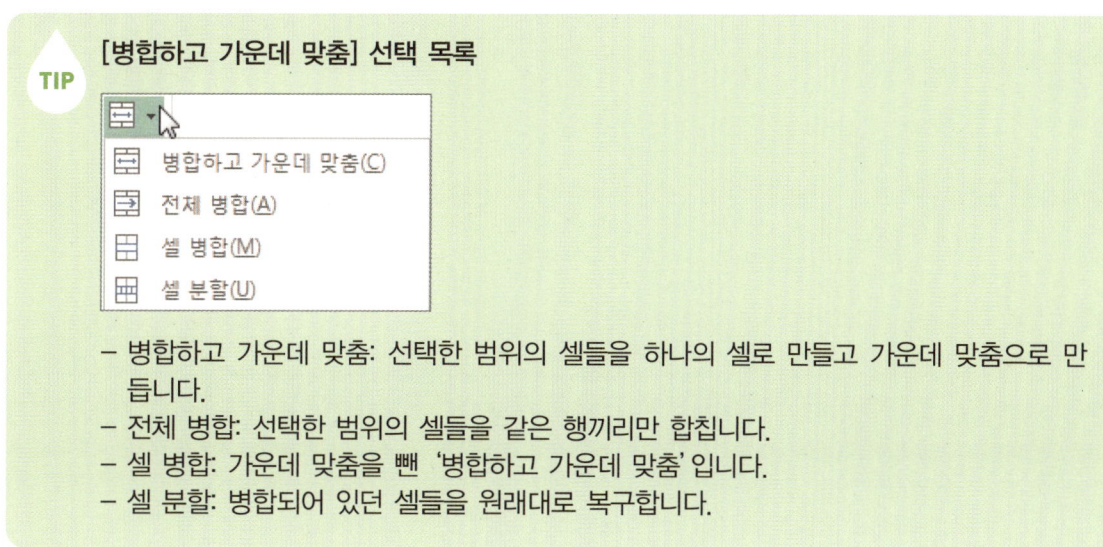

> **TIP** **[병합하고 가운데 맞춤] 선택 목록**
>
> - 병합하고 가운데 맞춤(C)
> - 전체 병합(A)
> - 셀 병합(M)
> - 셀 분할(U)
>
> – 병합하고 가운데 맞춤: 선택한 범위의 셀들을 하나의 셀로 만들고 가운데 맞춤으로 만
>   듭니다.
> – 전체 병합: 선택한 범위의 셀들을 같은 행끼리만 합칩니다.
> – 셀 병합: 가운데 맞춤을 뺀 '병합하고 가운데 맞춤' 입니다.
> – 셀 분할: 병합되어 있던 셀들을 원래대로 복구합니다.

2 선택했던 셀들이 하나로 병합되면 [글꼴] 그룹에서 [글자 크기]의 목록 단
추(▼)를 클릭한 후 [20]을 선택하여 제목 크기를 키웁니다.

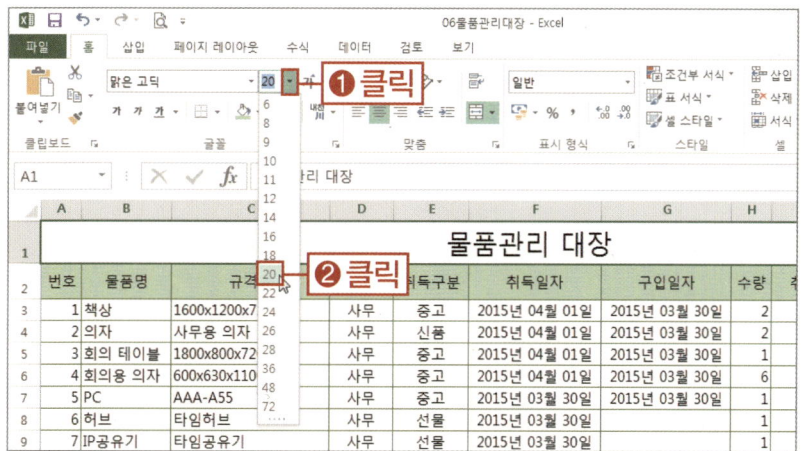

3 D2셀의 '용도'와 '구분' 사이에 커서를 옮긴 후 [Alt]를 누른 채 [Enter]를 함께 눌러 셀 내에서 줄바꾸기를 실행합니다. 줄 바꿈이 되면 다시 [Enter]를 눌러 완료하고 E2셀도 동일한 방법으로 두 줄로 만듭니다.

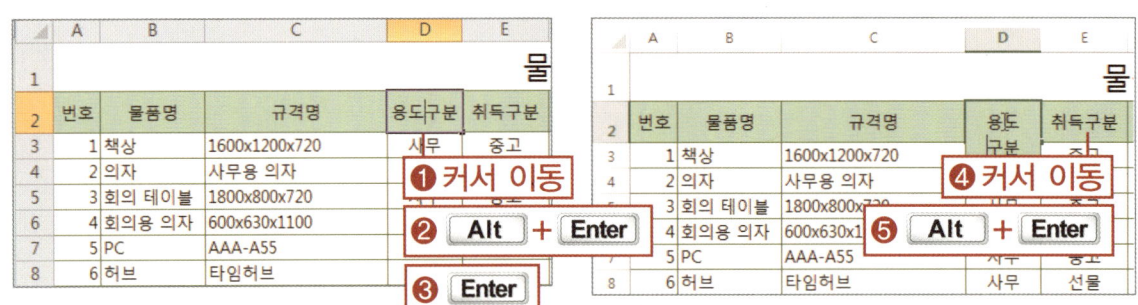

TIP

[텍스트 줄 바꿈](📑)

[홈] 탭-[맞춤] 그룹-[텍스트 줄 바꿈](📑)은 길이가 매우 긴 텍스트를 여러 줄로 자동 줄 바꿈 처리를 하는데, 줄 바꿈을 하고 싶은 곳에서 [Alt]를 누른 채 [Enter]를 누르는 것 과는 이런 면에서 다릅니다.

4 D열과 E열의 열머리글을 드래그한 후 E열과 F열 사이의 경계에 마우스 포인터를 놓고 더블 클릭하여 열 너비를 알맞게 줄입니다.

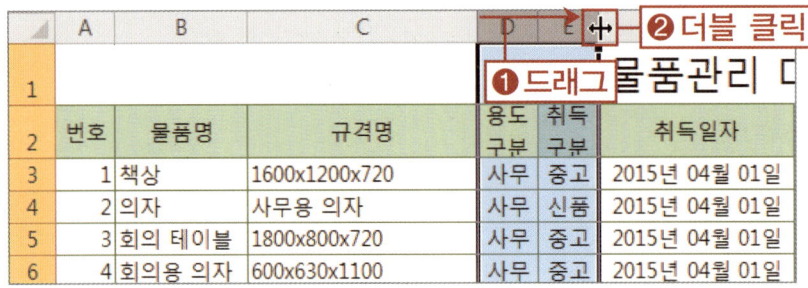

5 이번에는 2행 머리글과 3행 머리글 경계에 마우스 포인터를 놓고 더블 클릭하여 행 높이를 내용에 알맞도록 늘입니다.

6 '취득구분'별로 정렬해서 보기 위해 취득 구분의 내용이 들어 있는 E3:E15셀 중 한곳을 선택합니다. 이후 [홈] 탭–[편집] 그룹의 [정렬 및 필터]를 클릭하고 [텍스트 오름차순 정렬]을 선택합니다.

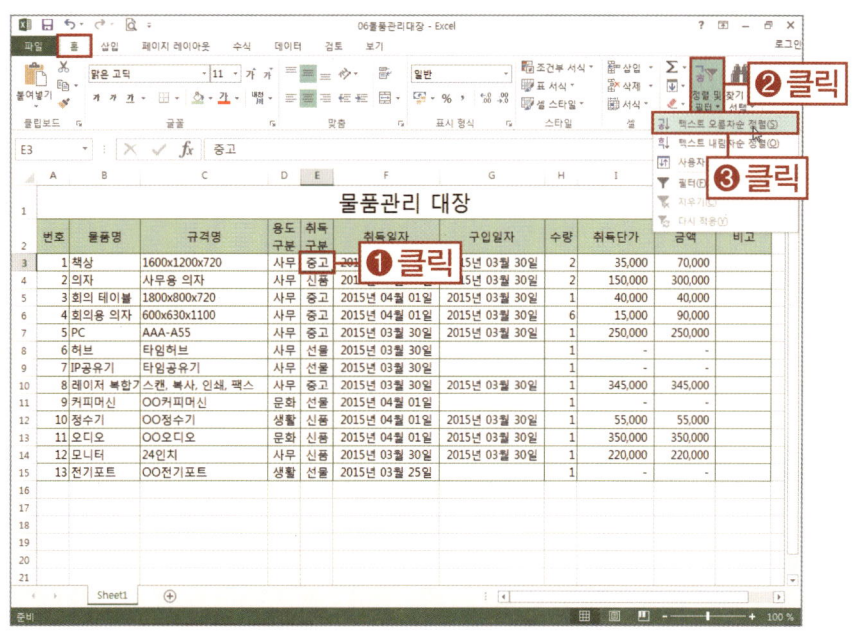

TIP 오름차순은 가나다 순, 123 순을 말하고, 내림차순은 하파타 순, 321 순을 말합니다.

7 다음과 같이 가나다순으로 정렬되는 것을 알 수 있습니다. 이번에는 '금액' 항목을 내림차순으로 해서 가장 큰 금액이 위로 올라오도록 하기 위해 J3:J15셀 중 한곳을 선택합니다. 이후 [정렬 및 필터]를 클릭하고 목록에서 [숫자 내림차순 정렬]을 클릭합니다.

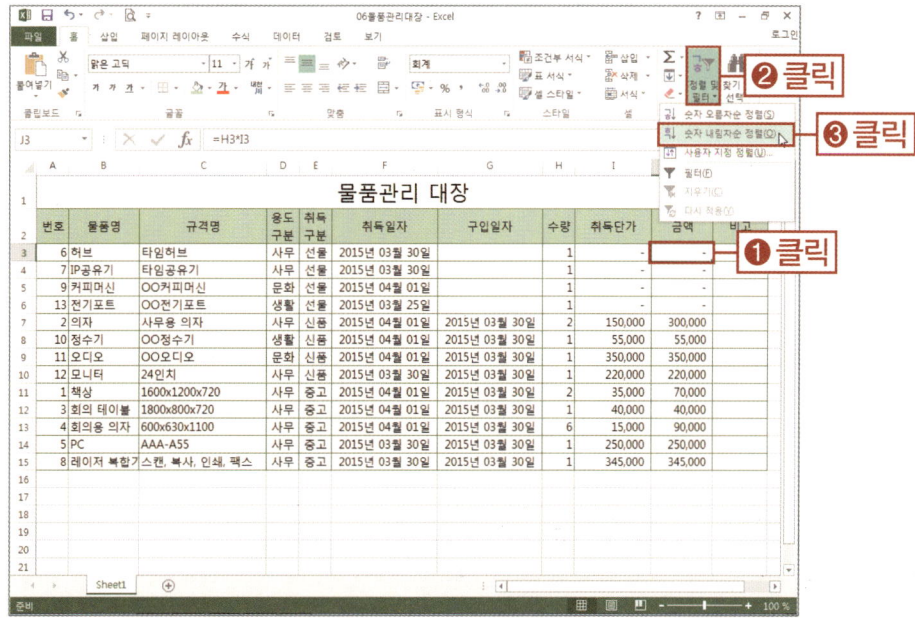

8 금액이 내림차순으로 정렬됩니다. 이번엔 항목별로 정렬을 하거나 필터링을 할 수 있는 필터 기능을 적용하기 위해 다시 [정렬 및 필터]를 클릭한 후 [필터]를 선택합니다.

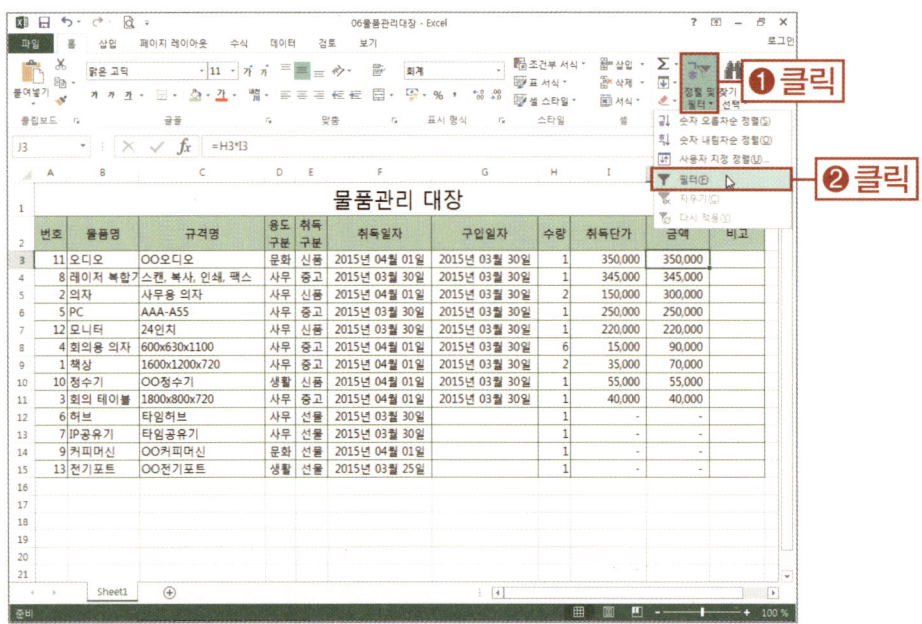

9 항목명 모두 [필터 옵션](▼) 단추가 생깁니다. '용도구분' 항목의 [필터 옵션](▼) 단추를 클릭한 후 [모두 선택]을 클릭해서 모든 체크를 없앱니다. 이후 [문화]와 [생활]만 체크해서 두 개와 관련된 항목들만 보이도록 합니다. 설정이 완료되면 [확인]을 클릭합니다.

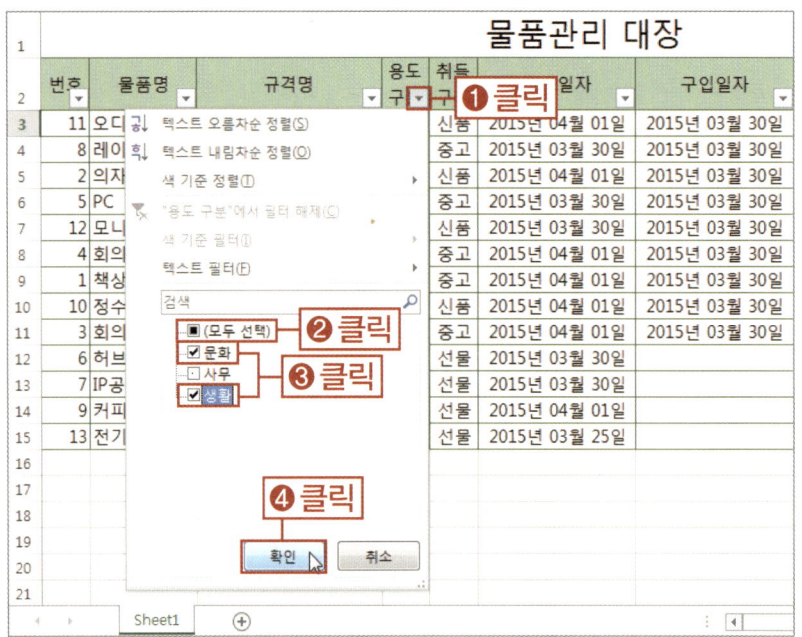

TIP 필터가 적용된 곳은 필터 옵션 단추가 (▼)에서 (⊤)로 바뀝니다.

규격명	용도구분	취득구분
OO오디오	문화	신품

10 이번에는 '취득일자' 항목의 [필터 옵션](⃠) 단추를 클릭한 후 [날짜/시간 오름차순 정렬]을 선택해서 날짜를 오름차순으로 정렬합니다.

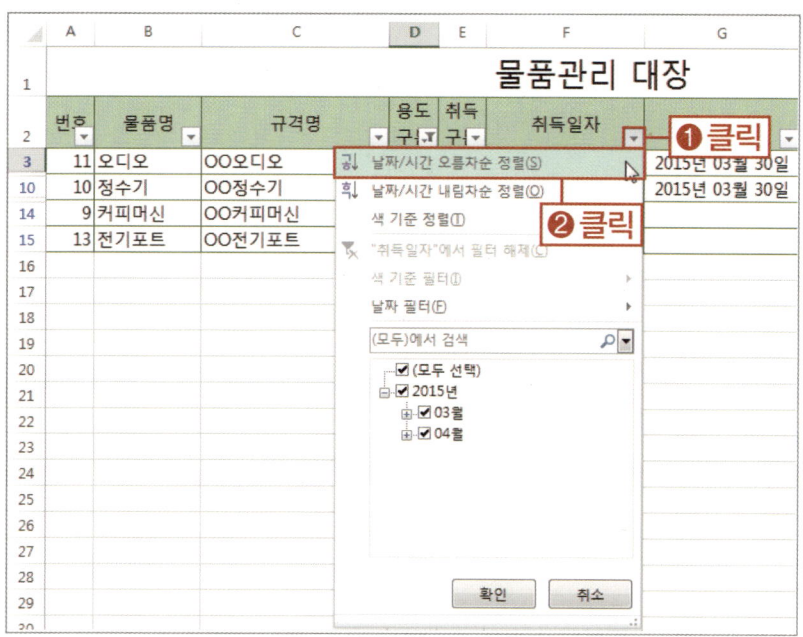

11 아래와 같이 오름차순 정렬이 된 것을 확인할 수 있습니다.

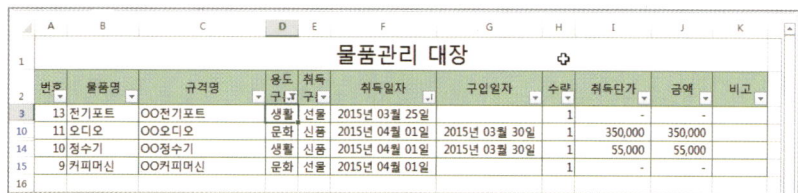

TIP
- 오름차순 정렬 중이라는 표시로 항목명의 필터 옵션 단추는 (⃠)로 바뀝니다.

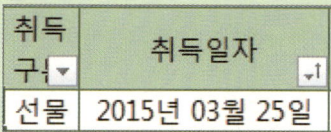

- 필터를 해제하려면 [홈] 탭-[편집] 그룹의 [정렬 및 필터]를 클릭한 후 [필터]를 다시 선택하면 됩니다. 적용했던 필터들만 지우려면 [정렬 및 필터] 목록에서 [지우기]를 선택합니다.

1

'06연습01거래처.xls' 파일을 불러와 다음과 같이 수정해 보세요.

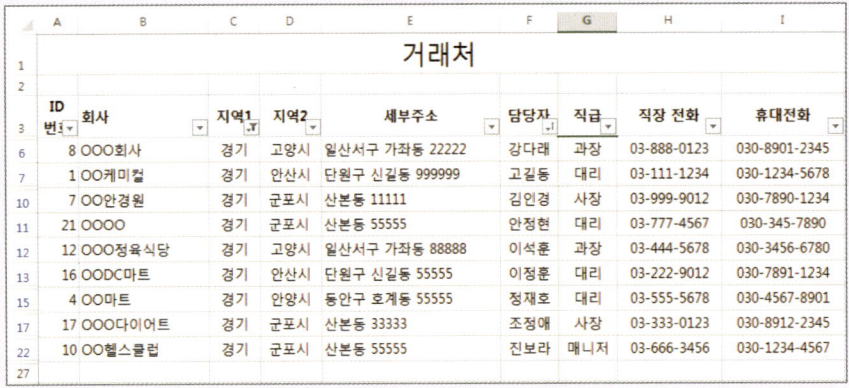

HINT

- 셀 병합: A1셀:I1셀
- 셀 내에서 줄 바꿈: A3셀
- '직급' 항목 정렬: 오름차순
- 전체 필터 설정
- '지역1' 항목 필터: '경기' 지역만 나타나도록 설정
- '담당자' 항목 필터: 오름차순 정렬

2

'06연습02거래처.xls' 파일을 불러와 다음과 같이 수정해 보세요.

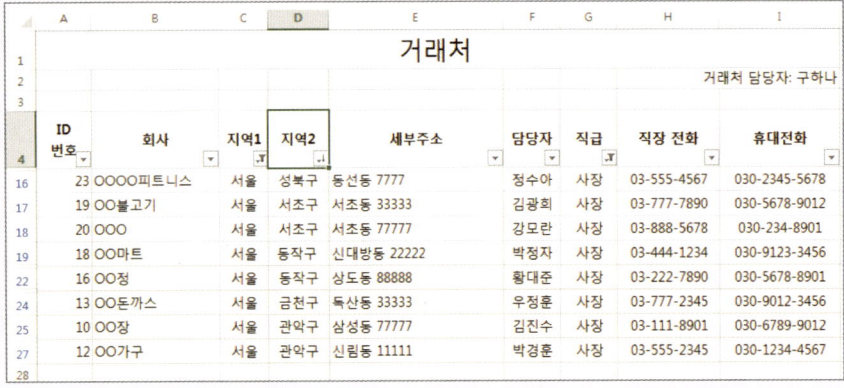

HINT

- 셀 병합: A1셀:I1셀, H2셀:I2셀(병합한 후 오른쪽 맞춤)
- 셀 내에서 줄 바꿈: A4셀
- 전체 필터 설정
- '지역1' 항목 필터: '서울' 지역만 나타나도록 설정
- '지역2' 필터: 내림차순 정렬
- '직급' 항목 필터: '사장'만 나타나도록 설정

SECTION 07

파일 수정하기

시작하면서   작성해 둔 파일을 화면상에서 보기 편하게 만들어주는 틀 고정 기능과 바뀐 내용을 편하게 찾아 바꿔주는 기능을 알아봅니다. 또한 맨 앞에 숫자 '0'이 들어가는 텍스트를 입력할 때 '0'이 사라지지 않도록 하는 방법을 배워봅니다.

핵심포인트   틀 고정, 찾아 바꾸기, 숫자를 텍스트로 입력하기

미리보기

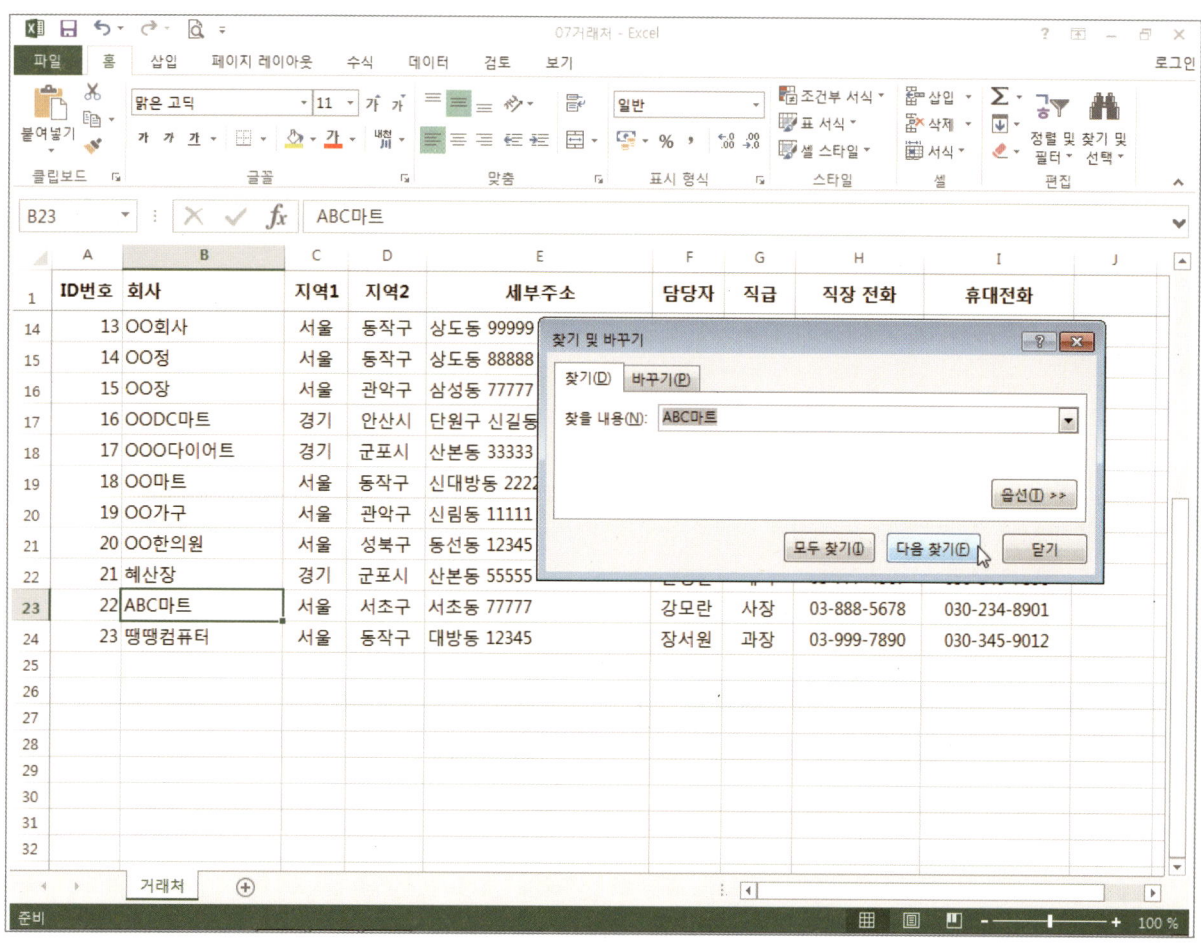

1 '07거래처.xls' 파일을 불러옵니다. 첫 번째 행을 고정하기 위해 [보기] 탭-[창] 그룹에서 [틀 고정]의 목록 단추(▼)를 클릭한 다음 [첫 행 고정]을 선택합니다.

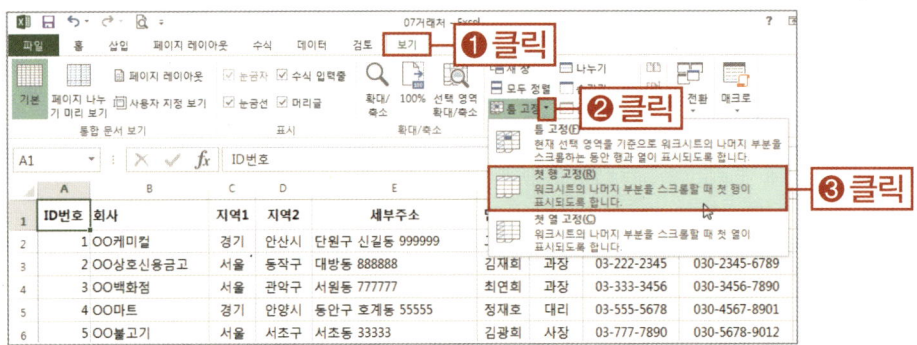

TIP 틀 고정을 취소하려면 [보기] 탭-[창] 그룹에서 [틀 고정]의 목록 단추(▼)를 클릭한 후 [틀 고정 취소]를 선택합니다.

2 목록에서 'ABC마트' 담당자를 찾아 수정하기 위해 [홈] 탭-[편집] 그룹에서 [찾기 및 선택]을 클릭한 후 [찾기]를 선택합니다.

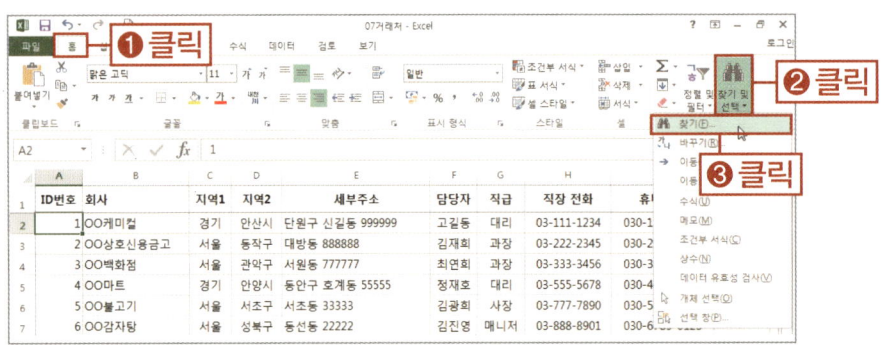

TIP [찾기] 단축키: Ctrl + F
[바꾸기] 단축키: Ctrl + H

3 '찾기 및 바꾸기' 대화상자가 나타나면 'ABC마트'를 입력한 후 [다음 찾기]를 클릭합니다. 해당 데이터가 있는 곳으로 이동되면 [닫기]를 클릭합니다. '틀 고정' 기능을 설정해 놓으면 항목명이 입력되어 있는 첫 번째 행이 상단에 계속 위치하기 때문에 찾기가 쉽습니다.

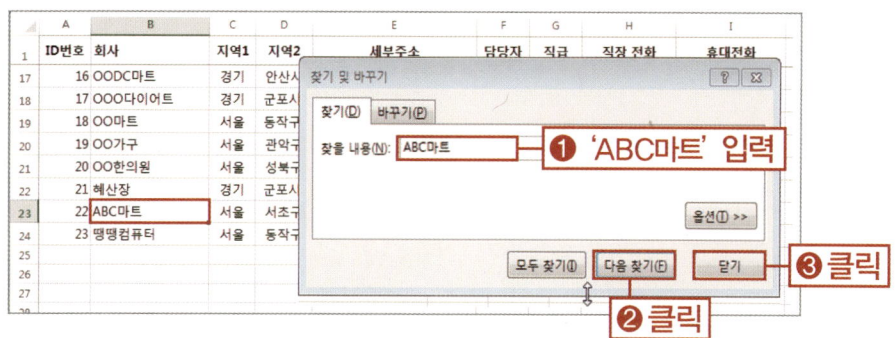

4 담당자명을 '강모란'에서 '강유란'으로 수정합니다. 이번에는 'OO돈까스'의 상호명을 '미란 돈까스'로 바꾸기 위해 [찾기 및 선택]을 클릭한 후 [바꾸기]를 선택합니다.

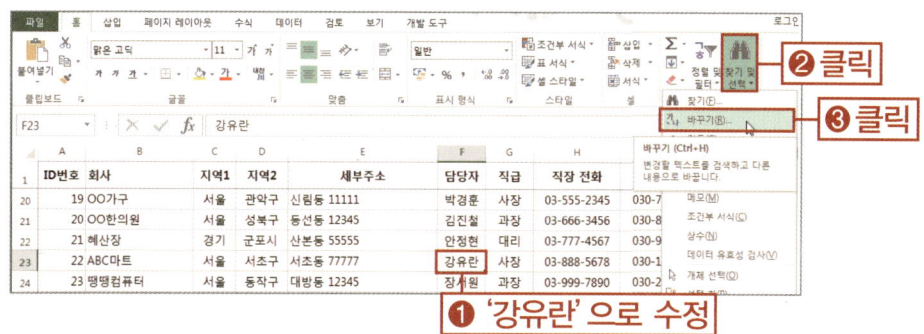

5 '찾기 및 바꾸기' 대화상자가 나타나면 '찾을 내용'에는 'OO돈까스'(O는 영문 대문자)를 입력하고 바꿀 내용에는 '미란 돈까스'를 입력합니다. [다음 찾기]를 클릭하여 우선 'OO돈까스'가 위치해 있는 곳을 확인합니다.

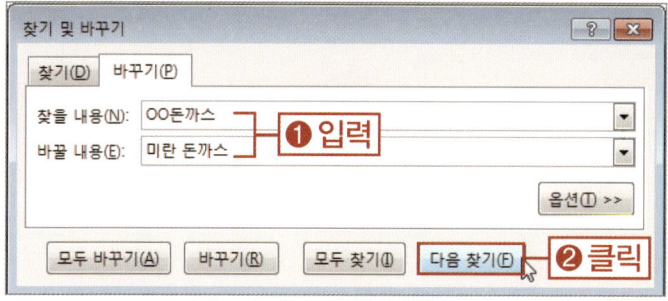

6 위치와 내용을 확인한 후 [바꾸기]를 선택하면 내용이 바뀝니다. 바뀐 내용을 확인한 후 [닫기]를 클릭합니다.

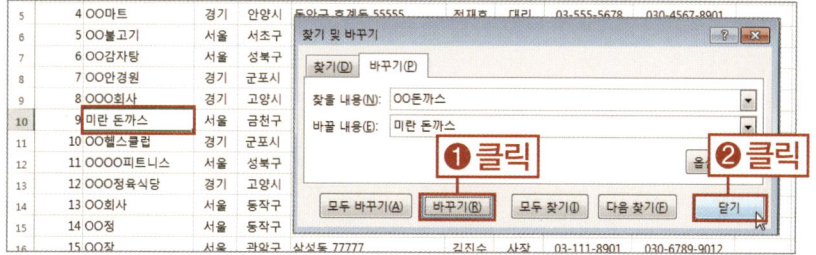

7 ID번호의 1~9를 모두 01~09로 바꾸기 위해 A2셀에 ''01'을 입력한 후 Enter 를 누릅니다.

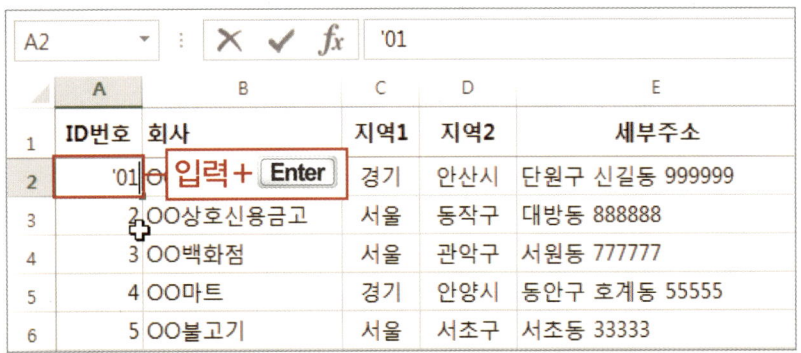

> **TIP** 숫자 '012345'와 같이 '0'으로 시작되는 숫자는 엑셀에서 '0'을 인식하지 않고 바로 12345로 인식합니다. 하지만 앞에 '0'이 들어가야 하는 숫자를 입력할 때 맨 앞에 '(어포스트로피)를 입력하면 엑셀에서 이 데이터를 텍스트로 인식하여 '012345'로 보여줍니다.

8 A2셀의 좌측 상단에 초록색 삼각 표지가 나타납니다. A2셀을 선택하면 우측에 노란 경고 표시가 나타나는데 이것을 클릭하면 '텍스트 형식으로 저장된 숫자'라는 글자와 함께 목록이 나타납니다. [오류 무시]를 클릭합니다.

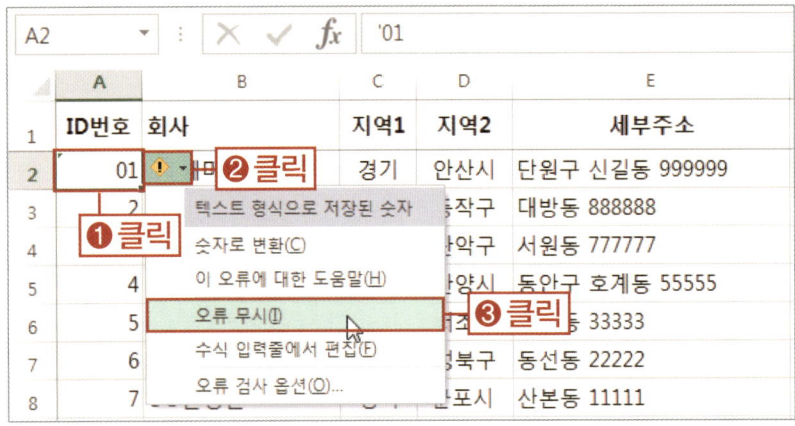

9 오류 무시를 클릭한 A2셀에 초록 표지가 사라진 것을 알 수 있습니다. 자동 채우기로 A10셀까지 채웁니다. A3:A10셀에는 초록 표지가 나타나는데 무시해도 됩니다.

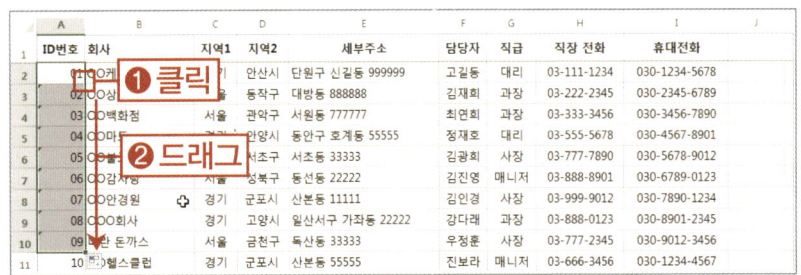

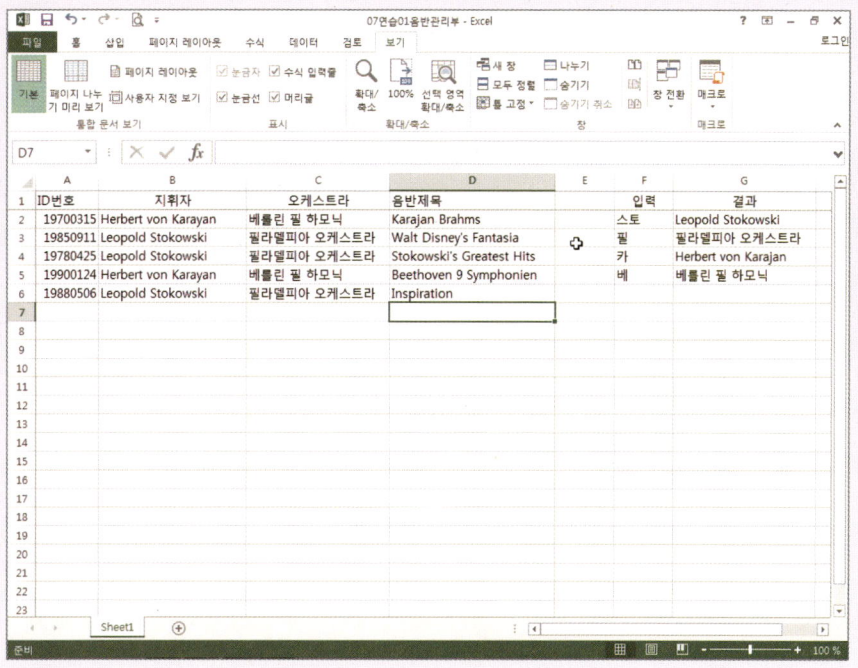

연습문제 >> 문제를 풀며 확인해보세요.

1 '07연습01음반관리부.xls' 파일을 불러와 아래와 같이 설정해 보세요.

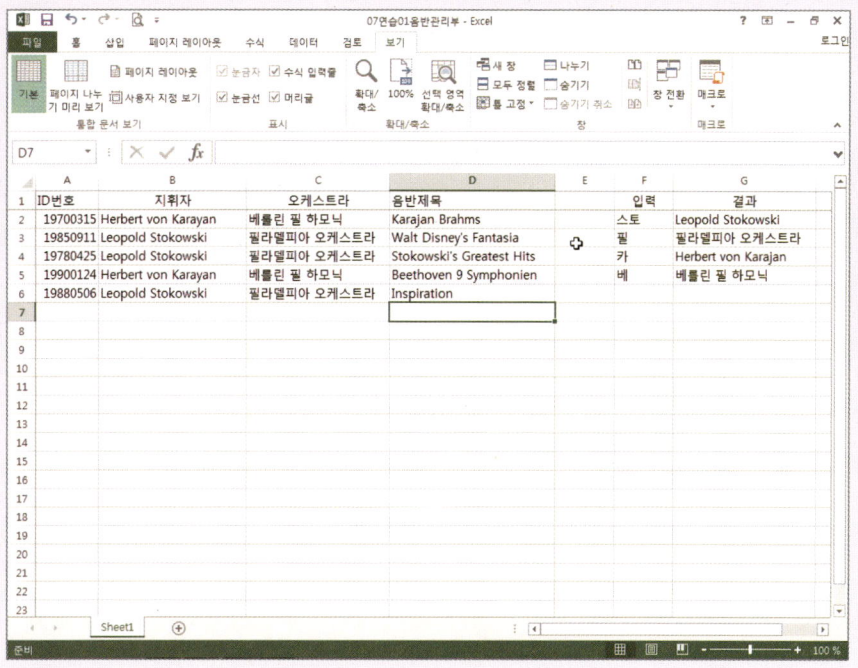

HINT
- 틀 고정: 첫 행 고정
- 바꾸기: 베를린 하모닉 → 베를린 필 하모닉
  Herbert → Herbert von Karajan

2 '07연습02물품관리대장.xlsx' 파일을 열고 아래와 같이 설정해 보세요.

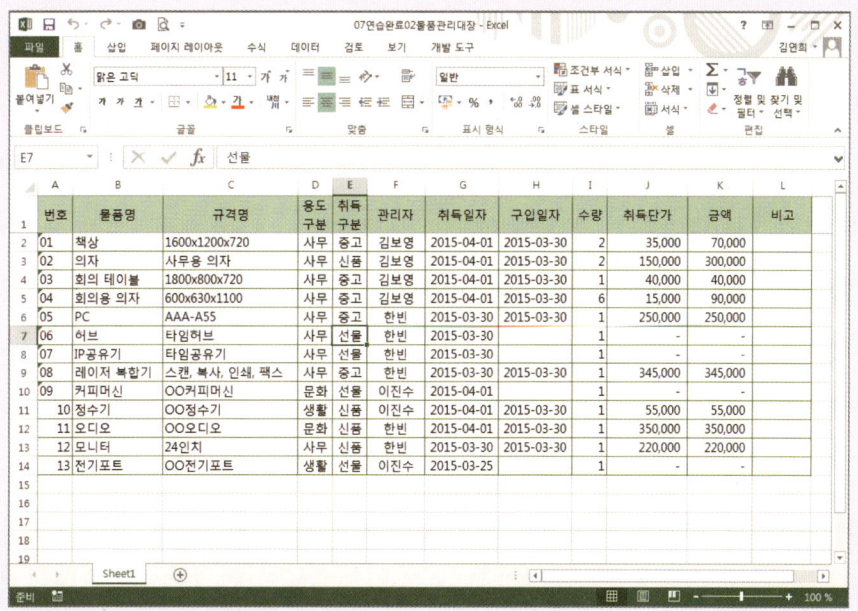

HINT
- 틀 고정: 첫 행 고정
- 바꾸기: 정용구 → 김보영
- 번호 변경: 1~9 → 01~09

SECTION

08 시트 관리하기

시작하면서 시트를 복사하고 위치를 이동시키며, 시트를 추가·삭제하는 방법을 배워보도록 하겠습니다. 또한 시트의 탭 색을 바꾸는 방법과 두 개 이상의 파일을 작업할 때 보기 편하게 창을 나눠서 보는 방법도 알아봅니다.

핵심포인트 시트 추가/이동/복사/삭제, 시트 탭 색 바꾸기, 창 나란히 보기
수식 변경하기, 조건부 서식

미리보기

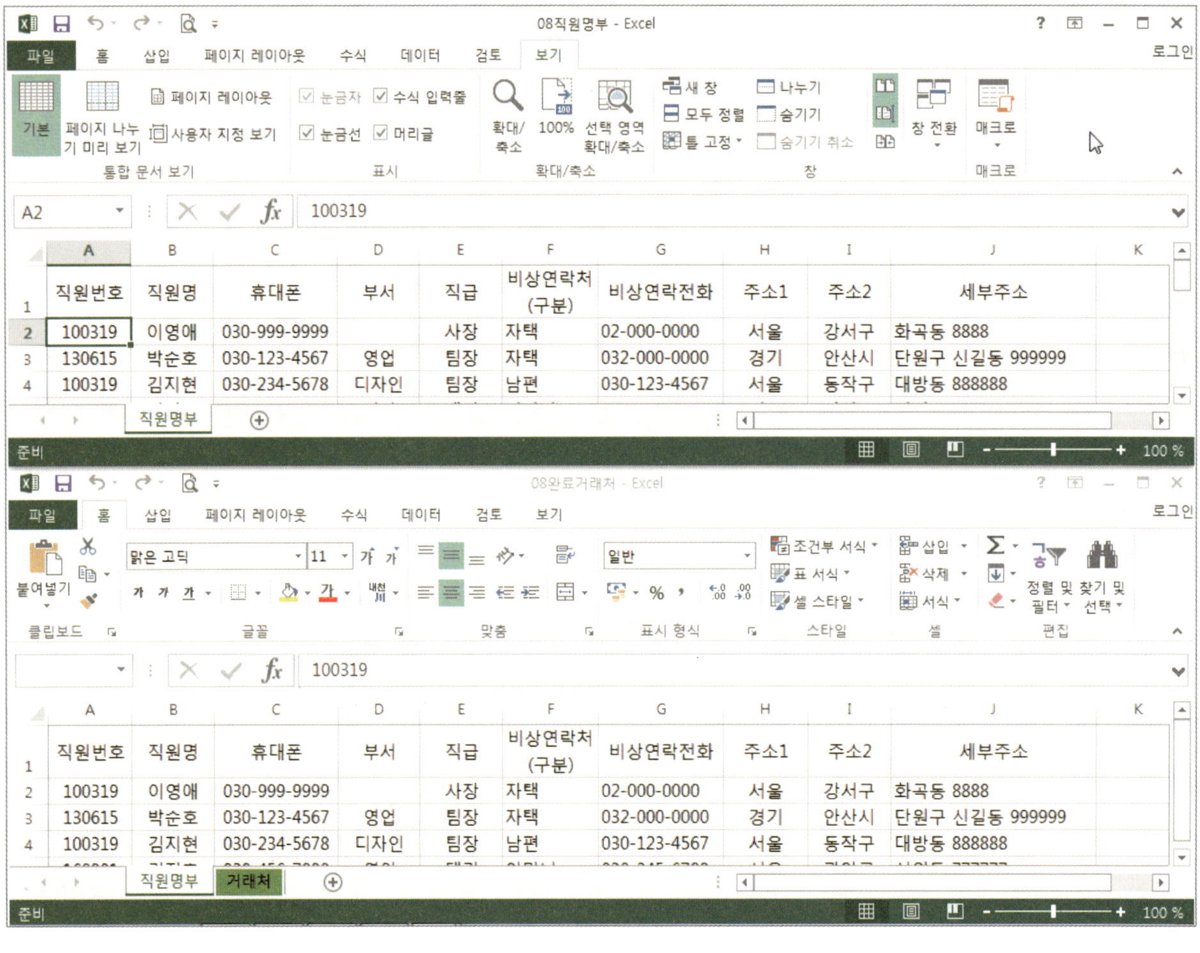

1 '08거래처.xlsx' 파일과 '08직원명부.xlsx' 파일을 동시에 불러옵니다. '08직원명부.xlsx' 파일의 '직원명부' 시트 탭 위에 마우스 오른쪽 버튼을 누른 후 [이동/복사]를 클릭합니다. '이동/복사' 대화상자가 나타나면 '대상 통합 문서'는 [08거래처.xlsx]를 선택하고 하단의 [복사본 만들기]를 클릭한 후 [확인]을 클릭합니다.

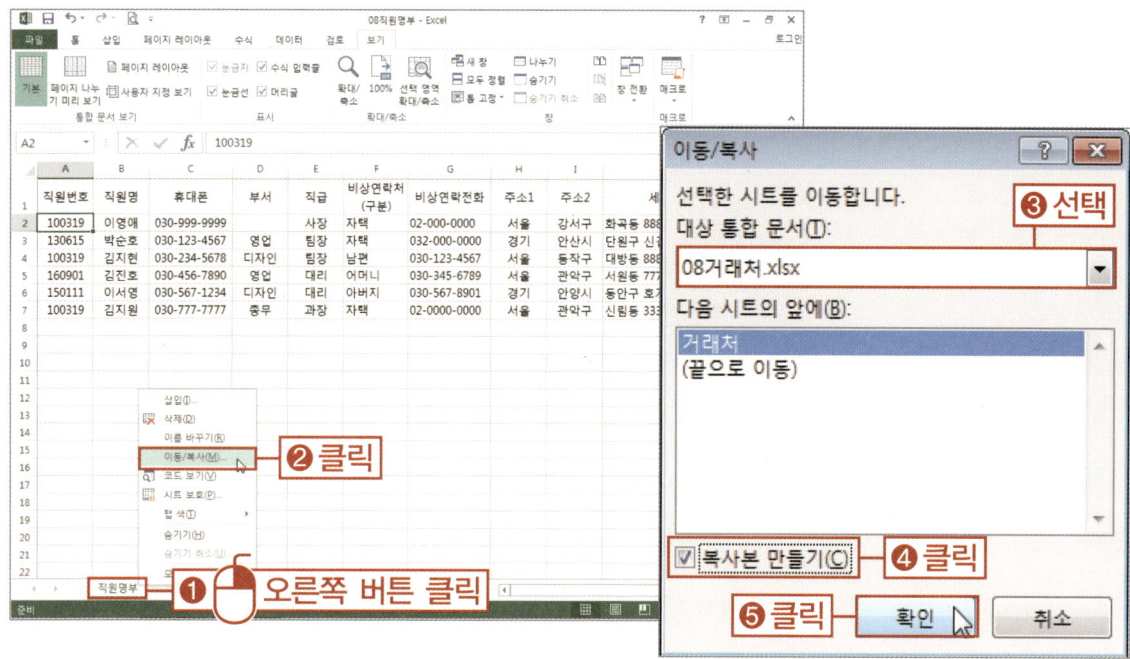

2 '08거래처.xlsx' 파일의 '거래처' 시트 앞에 '직원명부' 시트가 복사됩니다. [새 시트](⊕)를 클릭하여 새 시트를 추가합니다. 새 시트는 현재 선택된 시트 앞에 추가됩니다. 새로 추가된 'Sheet2' 시트를 '거래처' 시트 뒤로 드래그하여 이동시킵니다.

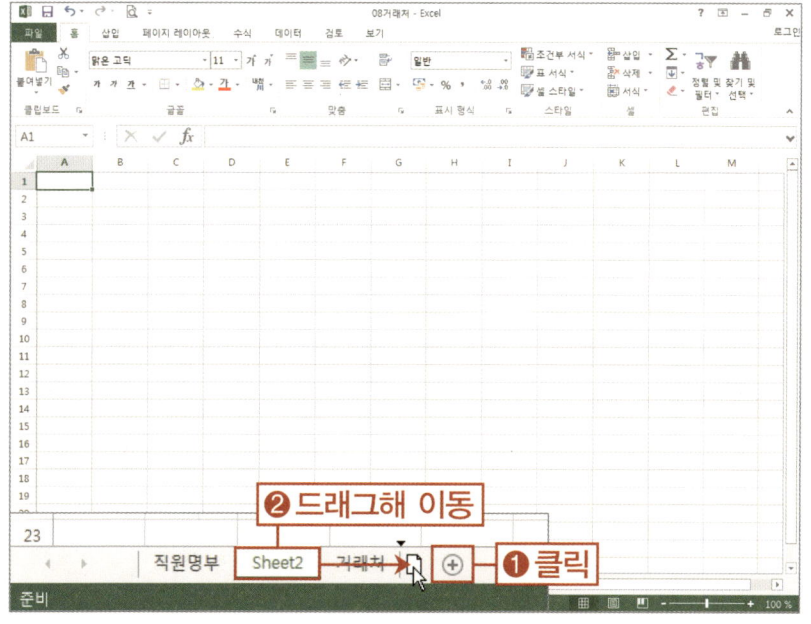

3 '08거래처.xlsx' 파일에 추가된 'Sheet2' 시트 탭 위에 마우스 오른쪽 버튼을 누른 후 [이동/복사]를 선택합니다. '이동/복사' 대화상자가 나타나면 '대상 통합 문서'는 [08직원명부.xlsx], '다음 시트의 앞에'는 [끝으로 이동]을 선택한 후 [확인]을 클릭합니다.

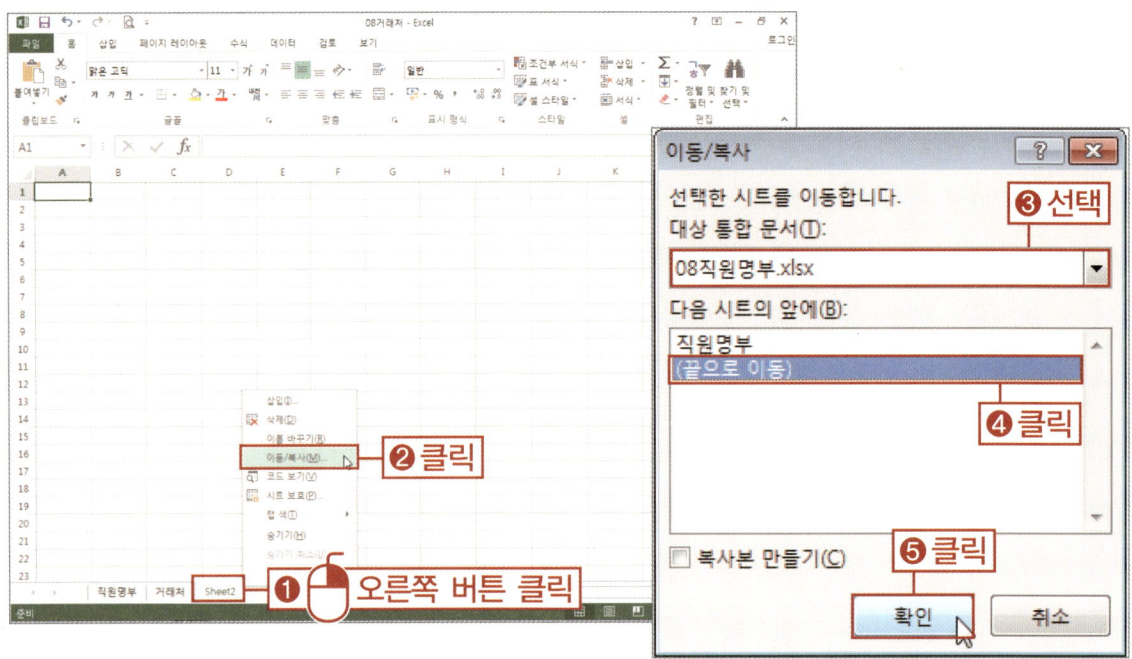

4 Sheet2가 '08거래처.xlsx' 파일에서 '08직원명부.xlsx' 파일로 이동했는지 확인하기 위해 [보기] 탭-[창] 그룹에서 [나란히 보기](🗗)를 클릭합니다.

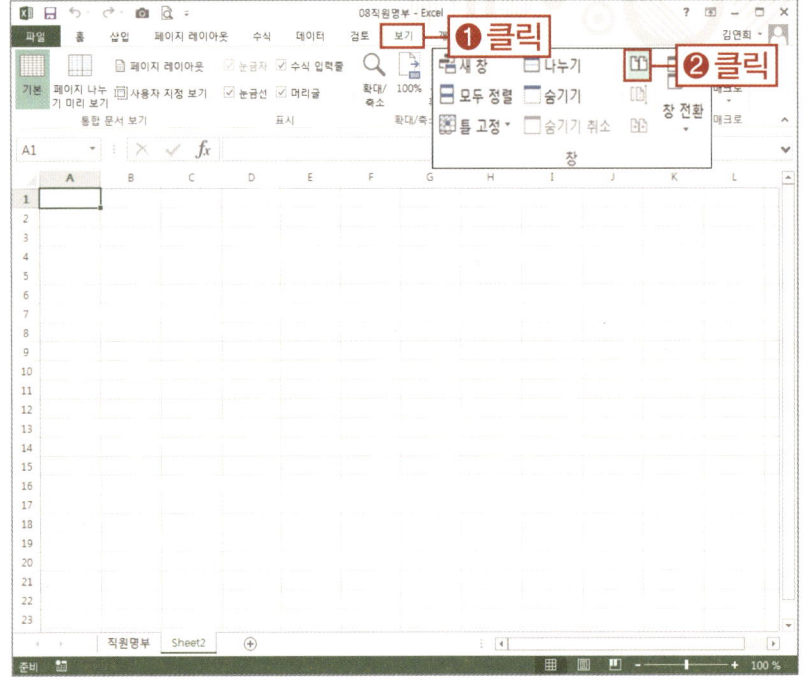

5 다음과 같이 두 개의 작업 창을 나란히 볼 수 있어 'Sheet2' 탭의 이동을 확인할 수 있습니다. [나란히 보기]를 다시 한 번 클릭해 원래 작업 창으로 돌아옵니다.

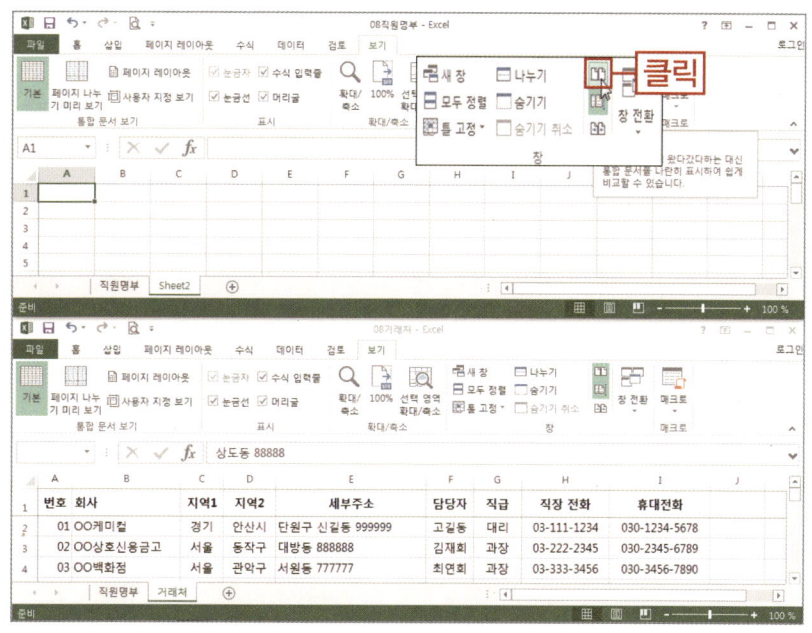

💧 **작업 창 이동하기**
TIP

[보기] 탭–[창] 그룹에서 [창 전환]을 클릭하면 열려 있는 엑셀 파일 목록이 나옵니다. 그중 이동하려는 엑셀 파일의 이름을 클릭하면 원하는 엑셀 창으로 이동됩니다.

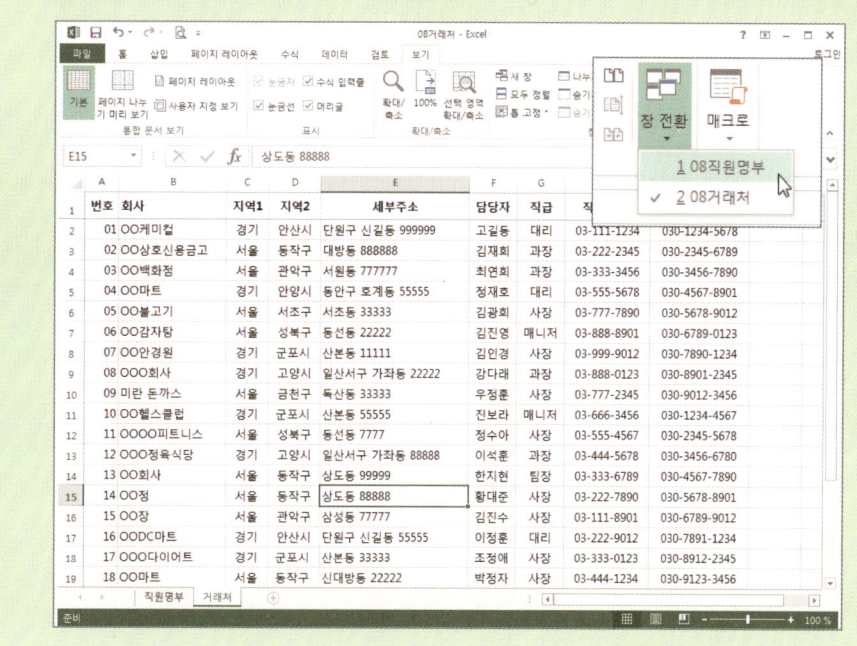

6 이동시켰던 'Sheet2' 시트 위에 마우스 오른쪽 버튼을 누른 후 [삭제]를 클릭해 삭제합니다.

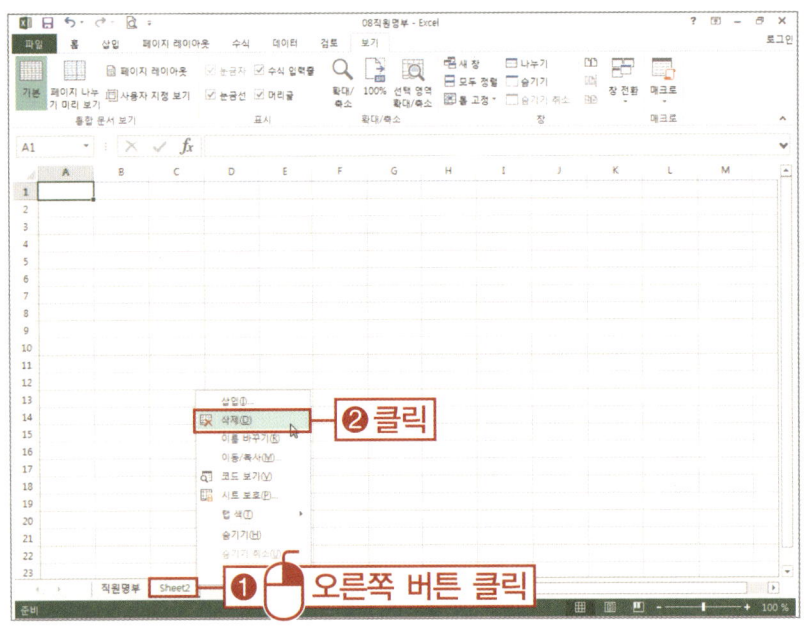

7 시트가 삭제된 것을 확인합니다. 시트 탭의 색상을 변경하기 위해 '직원명부' 시트 위에 마우스 오른쪽 버튼을 클릭합니다. [탭 색]을 선택한 후 [녹색, 강조 6]을 클릭하면 색상이 변경되는 것을 확인할 수 있습니다.

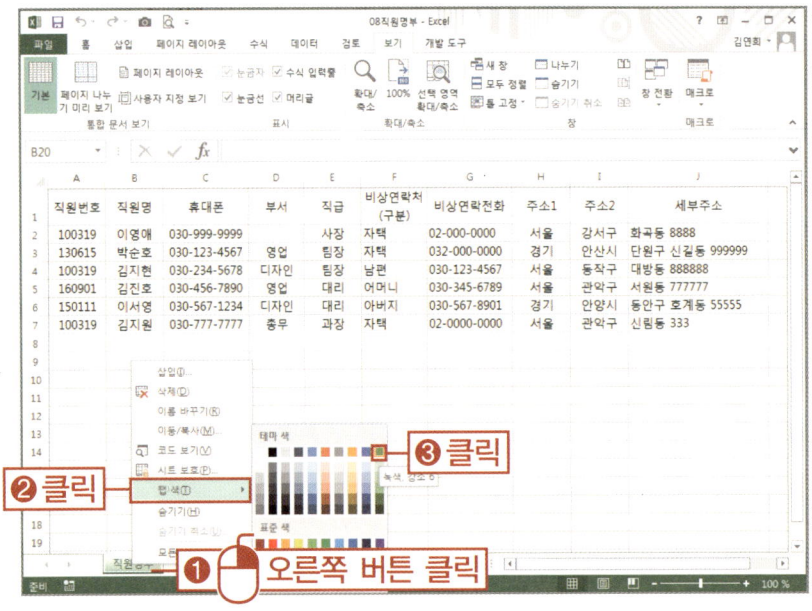

> **TIP** 탭 색이 변경되었는지 자세히 확인하고 싶다면 옆에 있는 다른 탭을 클릭해보거나 새 시트를 추가해 다른 시트를 선택합니다.

1 '08연습01가게관리부.xlsx' 파일과 새 통합 문서를 불러와 다음과 같이
설정해 보세요.

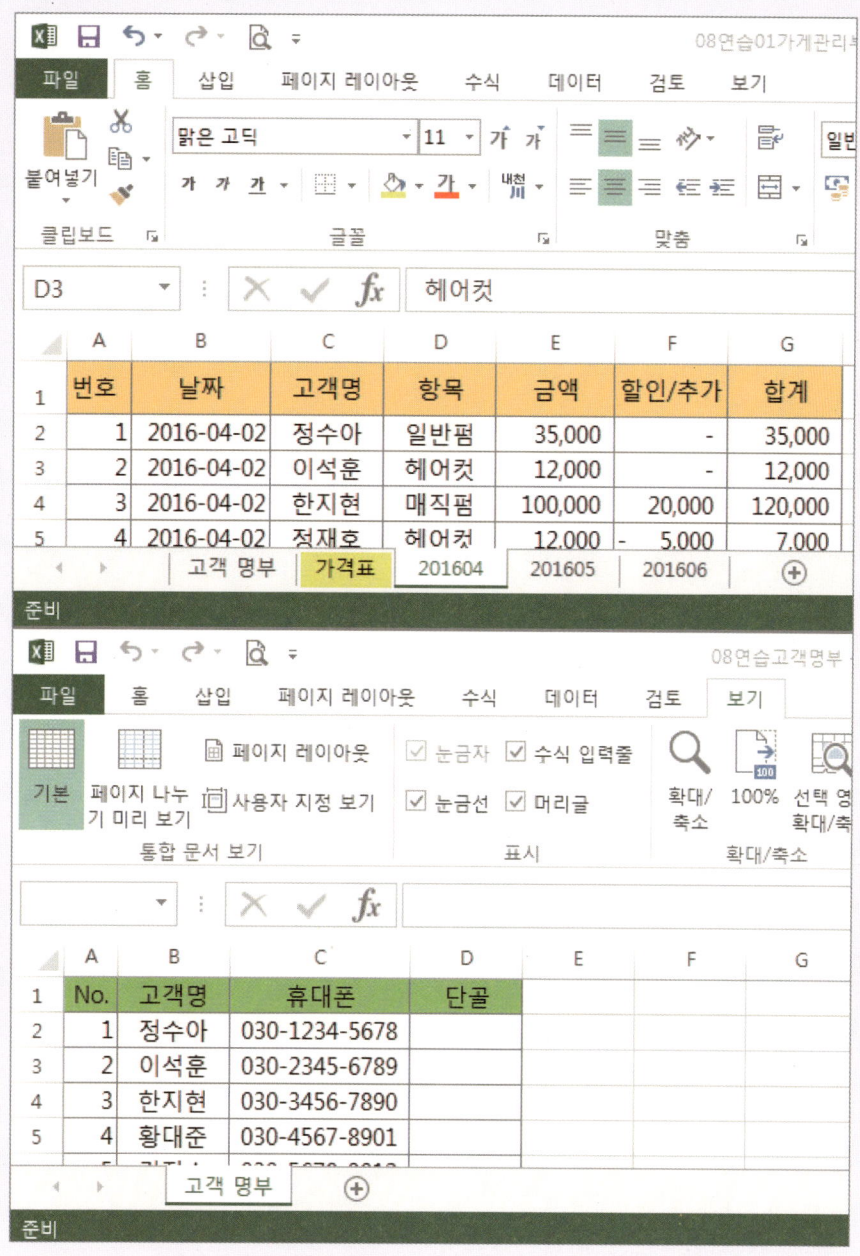

HINT
- '08연습01가게관리부.xlsx' 파일의 '가격표' 시트 탭 색을 노란색으로 변경
- '08연습01가게관리부.xlsx' 파일의 '고객 명부' 시트를 '통합 문서1'의 첫 번째 시트로 복사
- '통합 문서1.xlsx' 파일의 'Sheet1'과 'Sheet2' 시트를 삭제
- '가격표' 시트를 '고객명부' 시트 다음으로 이동
- '통합 문서1.xlsx' 파일을 '08연습고객명부'로 저장
- 두 개의 파일을 나란히 보기

SECTION 09

스파크라인으로 건강관리부 관리하기

시작하면서

스파크라인은 하나의 셀 안에 들어가는 작은 차트라고 할 수 있으며, 보통 데이터 추이에 대한 정보를 보여줍니다. 여기에서는 스파크라인을 삽입하는 방법과 데이터 범위를 수정하는 방법, 레이아웃을 변경하는 방법을 익혀보고 중간에 열을 삽입하는 방법을 알아보도록 하겠습니다.

핵심포인트

스파크라인 삽입하기, 열 삽입/삭제하기, 스파크라인 데이터 범위 수정하기, 레이아웃 변경하기

미리보기

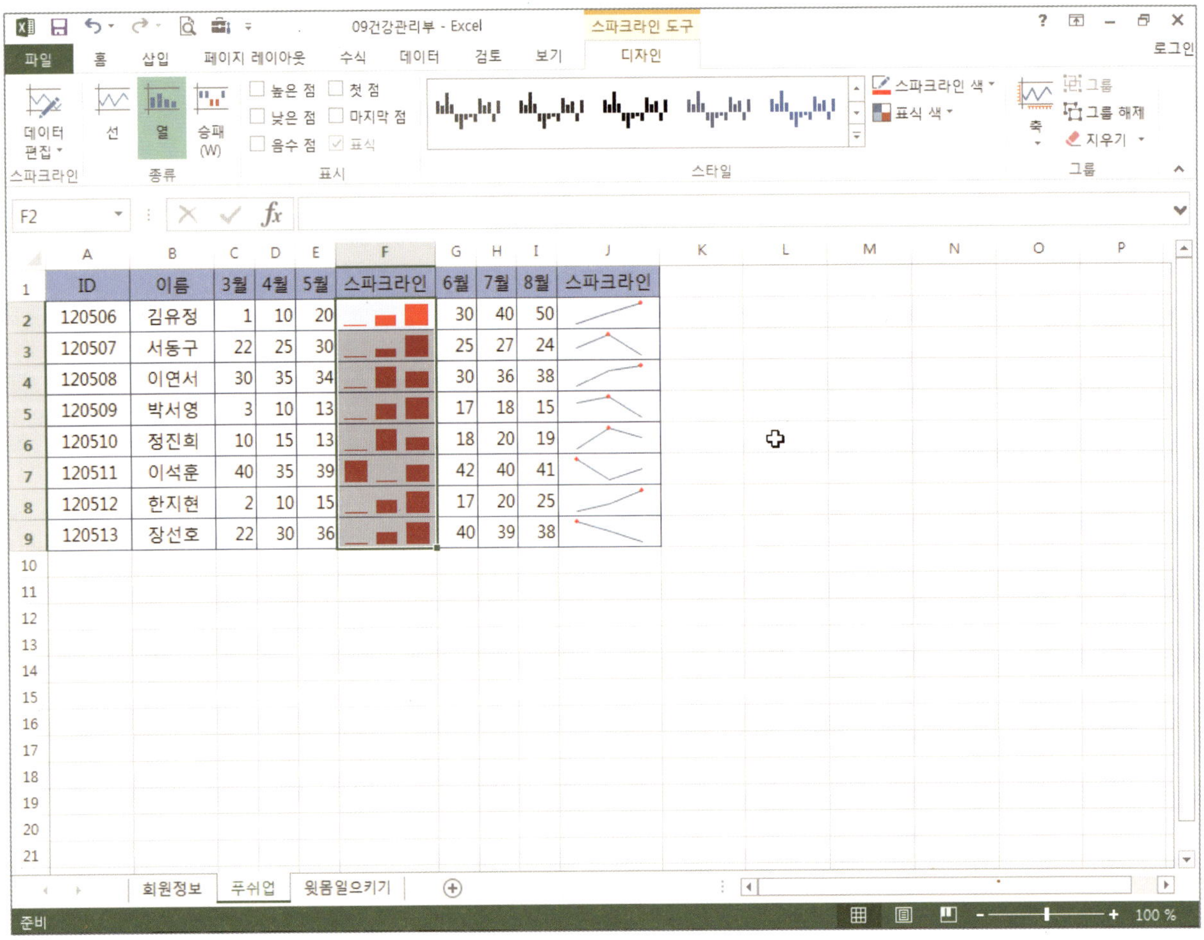

1 '09건강관리부.xlsx' 파일을 불러옵니다. 스파크라인을 넣기 위해 C2:H2 셀을 드래그한 후 아래 나오는 [빠른 분석](📋) 단추를 클릭합니다. 목록 중 [스파크라인]-[선]을 클릭합니다.

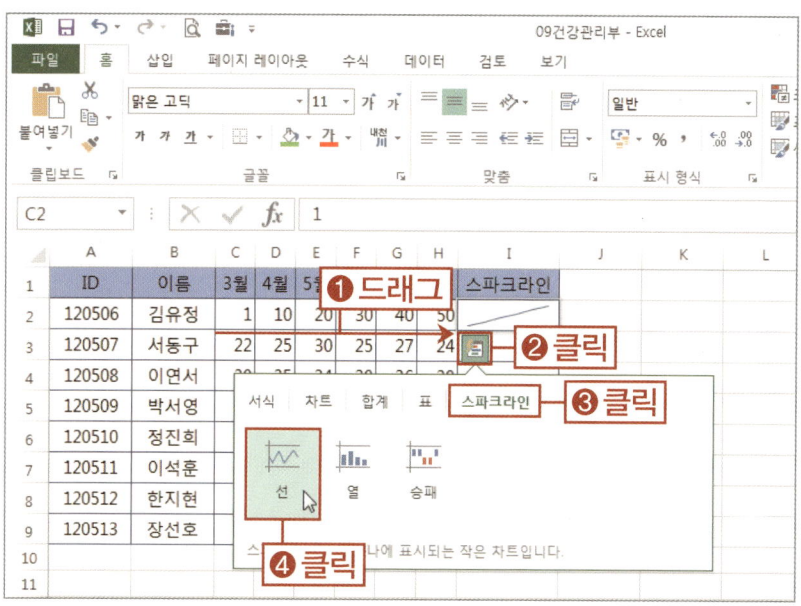

> **TIP** 스파크라인 삽입: 스파크라인을 삽입할 셀을 선택한 후 [삽입] 탭-[스파크라인] 그룹에서 [꺾은선형]을 클릭하고 데이터 범위를 선택해도 됩니다.

2 스파크라인이 삽입되면 상단에 [스파크라인 도구]-[디자인] 탭이 나타납니다. [스타일] 그룹의 [표식 색]을 클릭한 후 [높은 점]-[빨강]을 연달아 클릭해 가장 잘했던 달에 빨강 표식을 달아봅니다. 표식이 표시되고 나면 I2 셀에 채우기 핸들을 I9셀까지 드래그해 자동 채우기를 합니다.

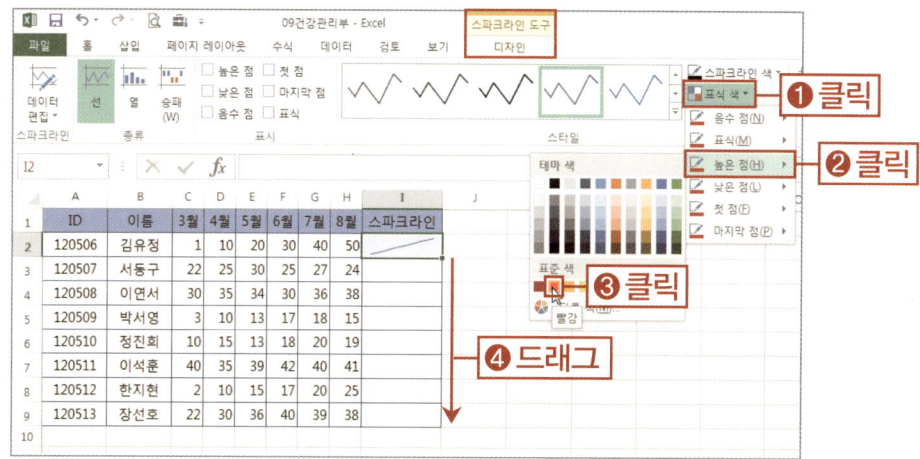

3 스파크라인에 쓰인 데이터 범위를 6월~8월까지로 변경하기 위해 [스파크라인] 그룹에서 [데이터 편집]을 클릭한 후 [그룹 위치 및 데이터 편집]을 선택합니다.

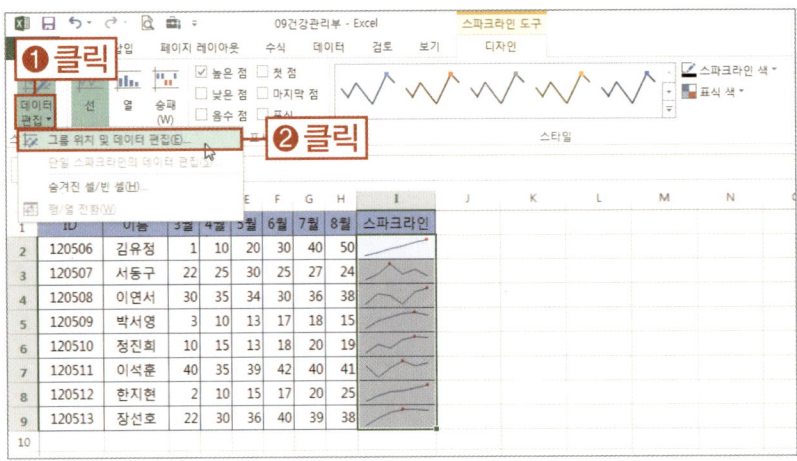

4 '스파크라인 편집' 대화상자가 나타나면 '데이터 범위' 입력 란을 클릭한 후 지정되어 있는 범위를 지우고 마우스로 F2:H9셀을 드래그합니다. 이후 [확인]을 클릭합니다.

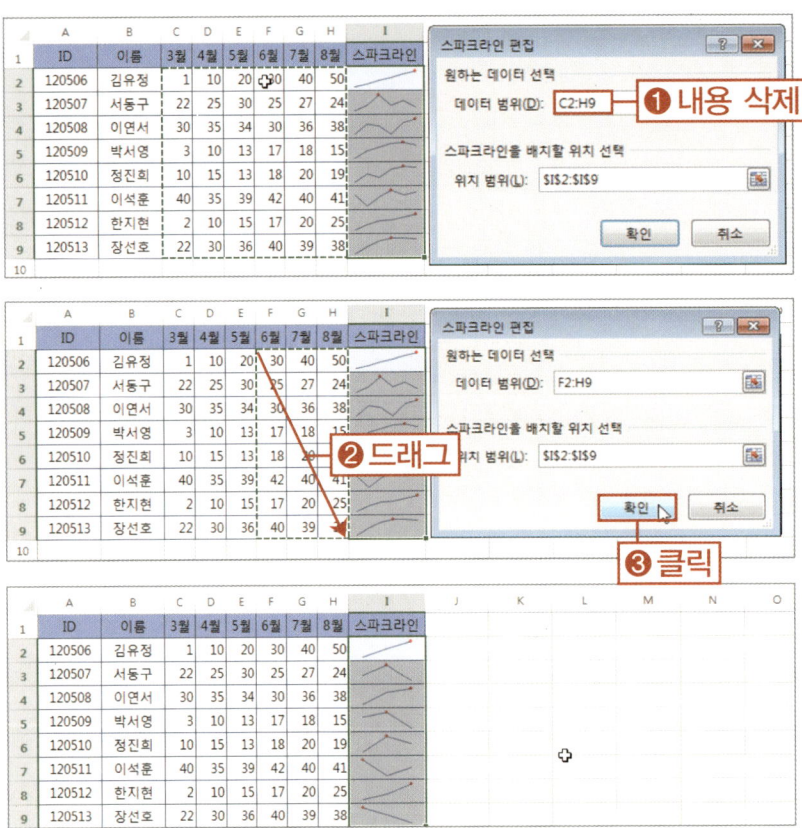

5 3월~5월까지 스파크 라인을 따로 삽입하기 위해 F열의 열머리글에 마우스 오른쪽 버튼을 누른 후 [삽입]을 클릭합니다.

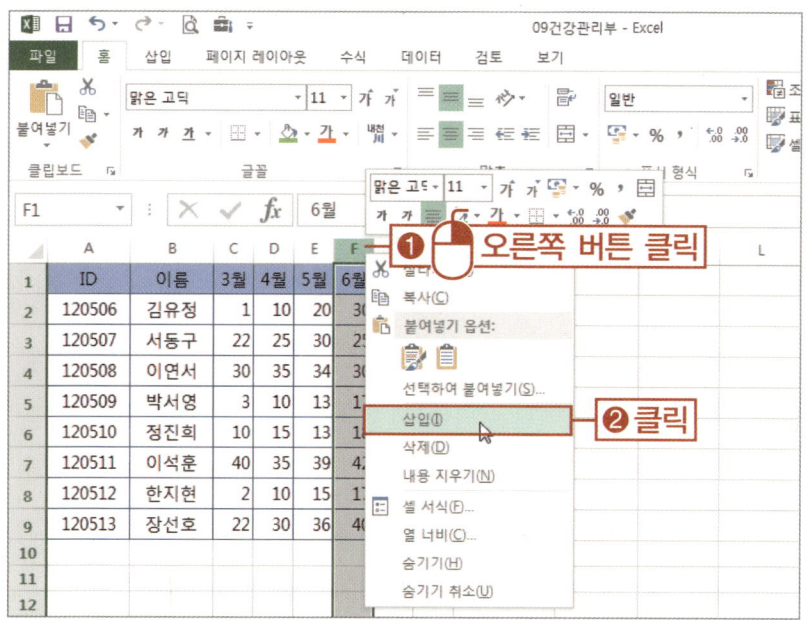

> **TIP** 열을 삭제하는 방법은 열 삽입 방법과 동일합니다. 삭제할 열의 열머리글에 마우스 오른쪽 버튼을 누른 후 [삭제]를 선택합니다.

6 열이 삽입되면 열머리글을 J열의 열 너비와 비슷하게 늘인 후 F1셀에 '스파크라인'을 입력합니다. 스파크라인을 삽입할 F2:F9셀을 드래그한 후 이번에는 [삽입] 탭-[스파크라인] 그룹에서 [꺾은선형]을 선택합니다.

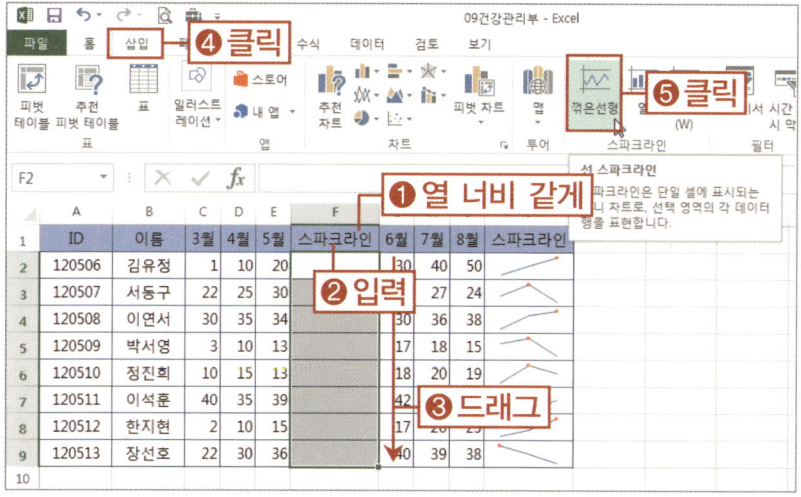

> **TIP** **스파크라인 삭제하기**
> [스파크라인 도구]의 [디자인] 탭-[그룹] 그룹의 [지우기]를 선택한 후 목록에서 [선택한 스파크 라인 지우기] 또는 [선택한 스파크라인 그룹 지우기] 중 선택해서 삭제하면 됩니다.

7 '스파크라인 만들기' 대화상자가 나타나면 C2:E9셀을 드래그한 후 [확인]을 클릭합니다.

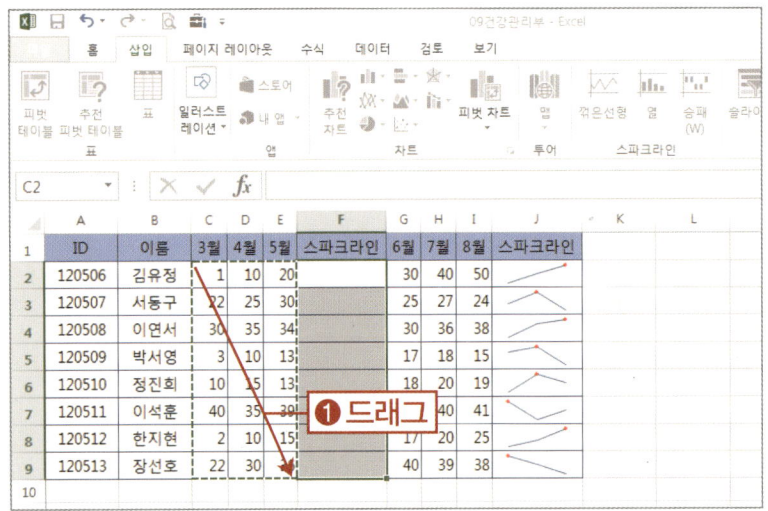

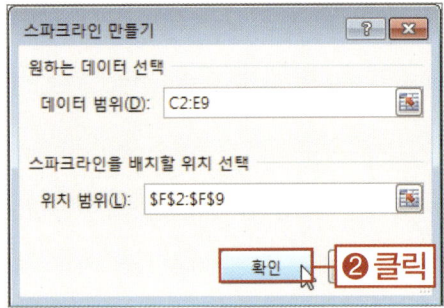

STEP 3 ▸ 스파크라인 색 변경하기, 표식 달기, 종류 변경하기

---

8 [스타일] 그룹에서 [스파크라인 색]을 클릭한 후 [빨강]을 선택해서 스파크라인 색을 빨강으로 변경합니다.

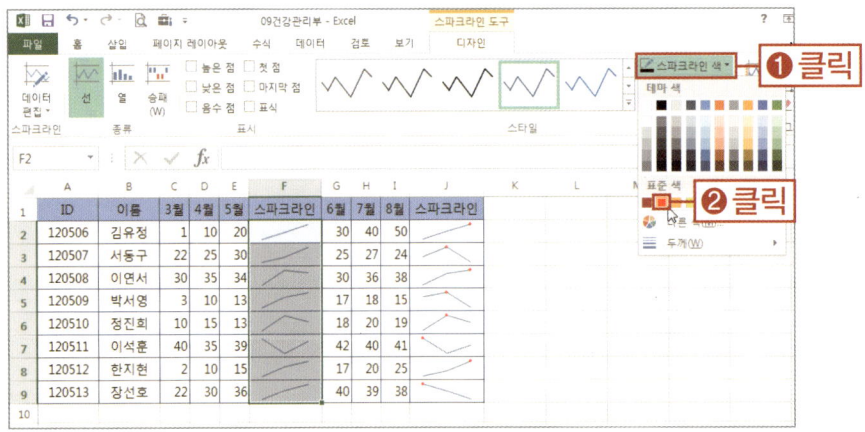

9 이번에는 [표시] 그룹에서 [표식]을 클릭해 데이터에 표식을 답니다.

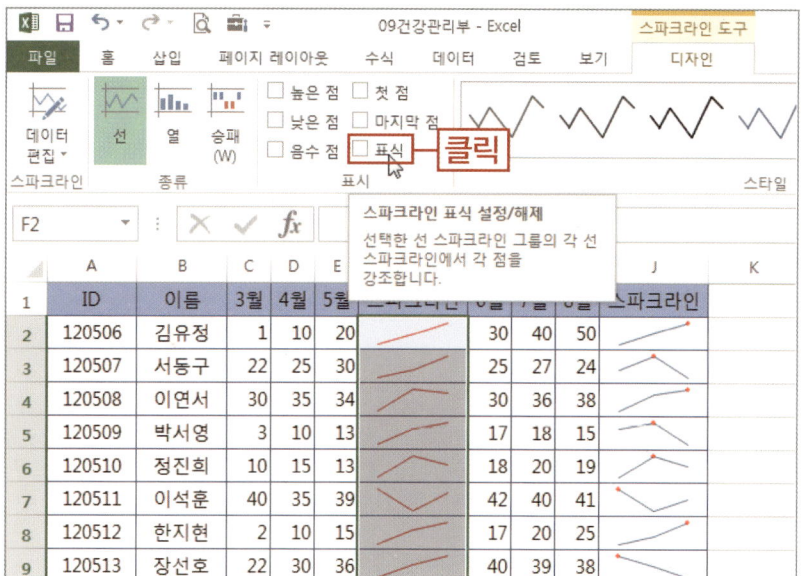

10 [종류] 그룹에서 [열]을 선택해서 스파크라인 종류를 바꿉니다.

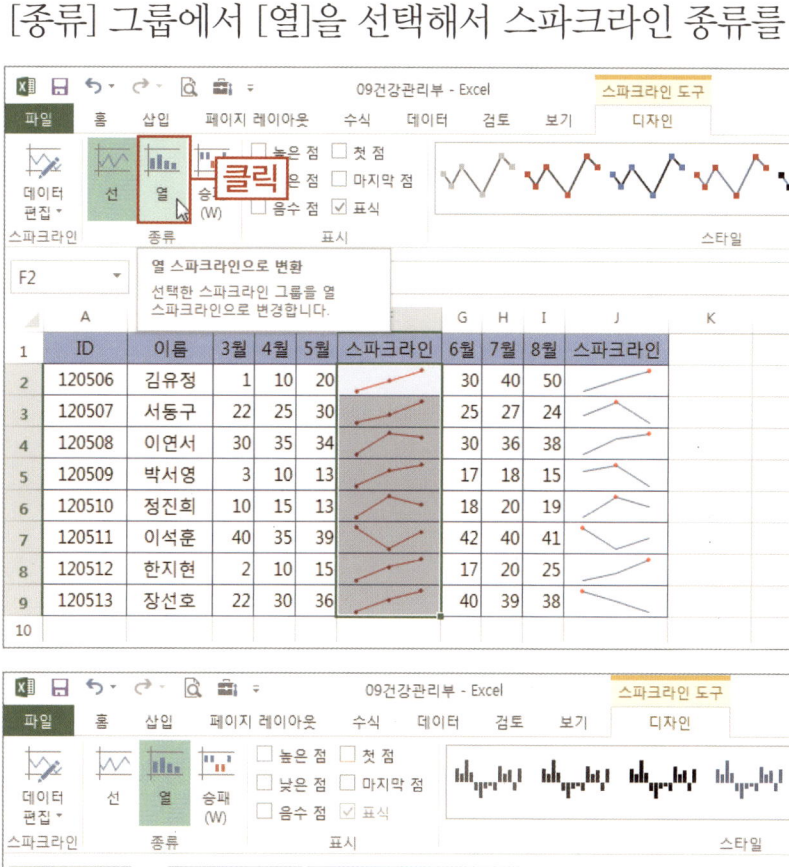

1

'09건강관리부.xlsx' 파일에서 '윗몸일으키기' 시트를 열고 아래와 같이 설정해 보세요.

	A	B	C	D	E	F	G	H	I	J
1	ID	이름	3월	4월	5월	스파크라인	6월	7월	8월	스파크라인
2	120506	김유정	30	33	35		40	39	41	
3	120507	서동구	40	42	45		38	45	44	
4	120508	이연서	5	7	10		14	19	21	
5	120509	박서영	9	13	15		16	17	20	
6	120510	정진희	3	10	35		40	45	44	
7	120511	이석훈	40	45	50		48	46	51	
8	120512	한지현	55	53	56		54	58	54	
9	120513	장선호	35	36	38		40	42	41	

- I2:I9셀 범위: 열 스파크라인 삽입(데이터 범위는 C2:H9셀)
- E열과 F열 사이에 열 삽입
- 삽입된 새 열인 F2:F9셀에 꺾은선형 스파크라인 삽입(데이터 범위는 C2:E9셀)
- F2:F9셀 스파크라인 표식: 높은 점, 낮은 점 체크
- J2:J9셀 스파크라인 데이터 범위를 G2:I9셀로 변경한 후 높은 점 체크

2

'09연습02판매량.xlsx' 파일을 불러와 '판매량' 시트를 열고 아래와 같이 설정해 보세요.

- O2:O9셀 범위: 꺾은선형 스파크라인 삽입(데이터 범위는 C2:N9셀)
- 5월과 6월 사이에 열 삽입
- 삽입된 새 열인 H2:H9셀에 열 스파크라인 삽입(데이터 범위는 C2:G9)
- H2:H9셀 스파크라인 색: 연한 녹색
- H2:H9셀 표식 색: 높은 점 → 빨강
- P2:P9셀 스파크라인 데이터 범위를 I2:O9셀로 변경
- 표식: 높은 점, 낮은 점

SECTION 10

차트 기능으로 데이터 분석하기

시작하면서   입력한 수치들을 차트로 보여주면 수치를 이해하는 데 도움이 많이 됩니다. 수치를 모양으로 보여주는 것이 보는 사람의 이해도를 더 높여줄 수 있기 때문입니다. 엑셀 2013에서 새로 추가된 기능인 추천 차트 기능을 이용해서 차트를 삽입하는 방법과 차트의 종류에 대해서 알아보고 차트 디자인을 설정하는 방법도 배워봅니다.

핵심포인트   차트 삽입하기, 추천차트(엑셀 2013 새 기능), 차트 디자인 설정하기

미리보기

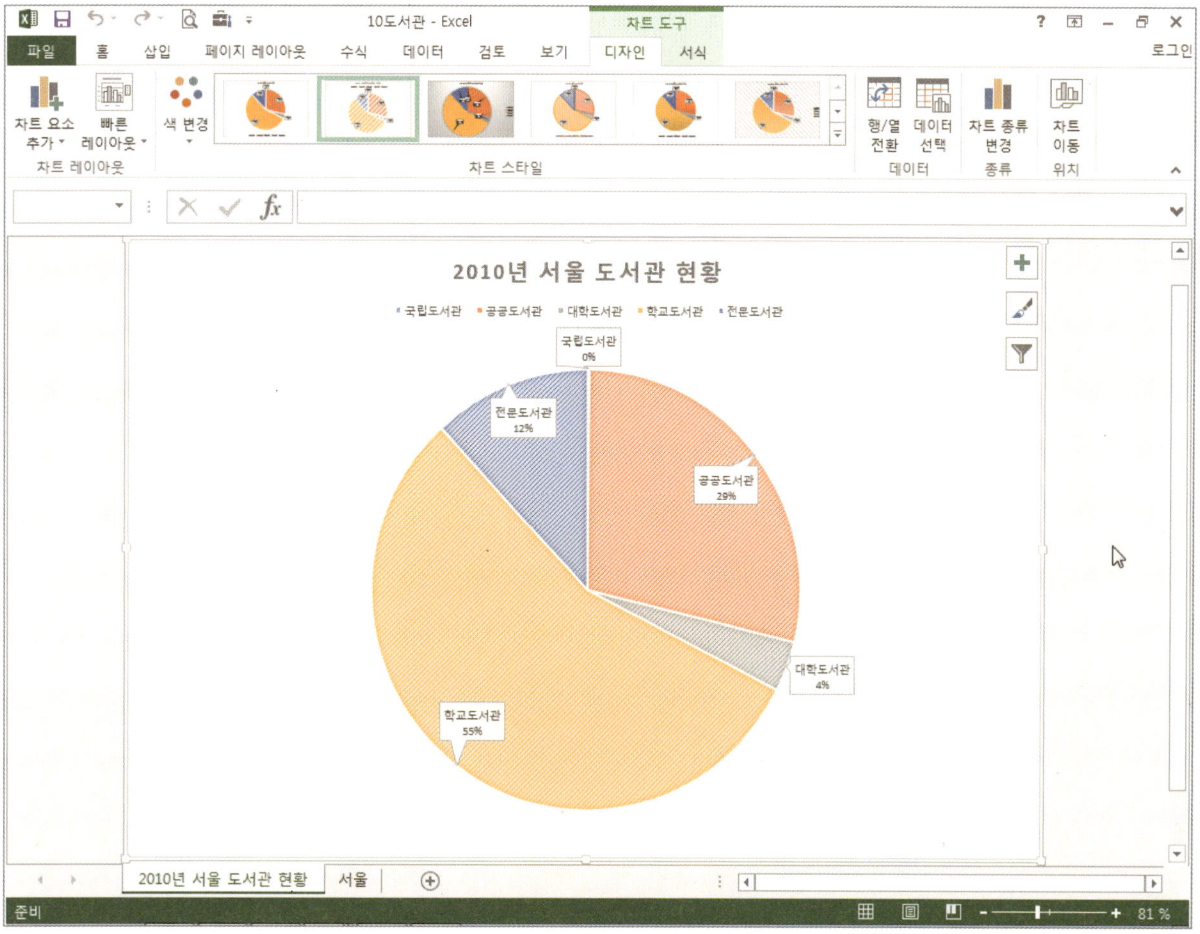

1 '10도서관,xlsx' 파일을 불러옵니다. A1:B6셀을 드래그한 후 [삽입] 탭-[차트] 그룹에서 [추천차트]를 선택합니다.

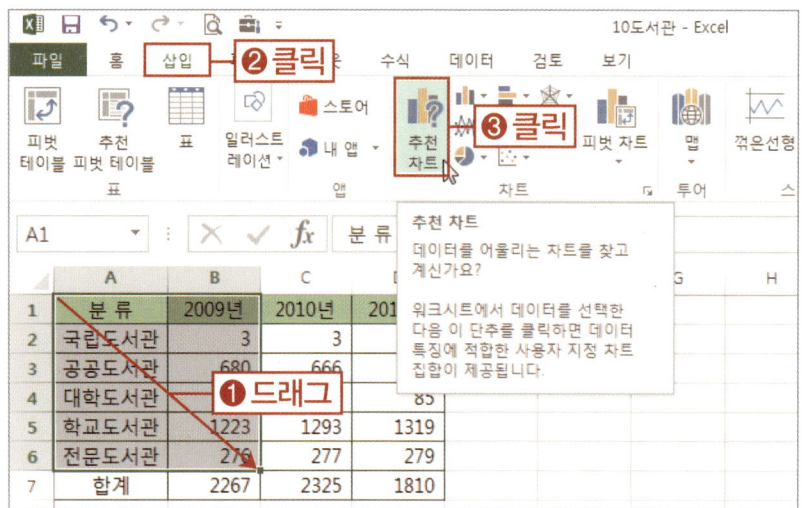

2 '차트 삽입' 대화상자가 나타나면 추천 차트 중 원형 차트를 선택한 후 [확인]을 클릭합니다.

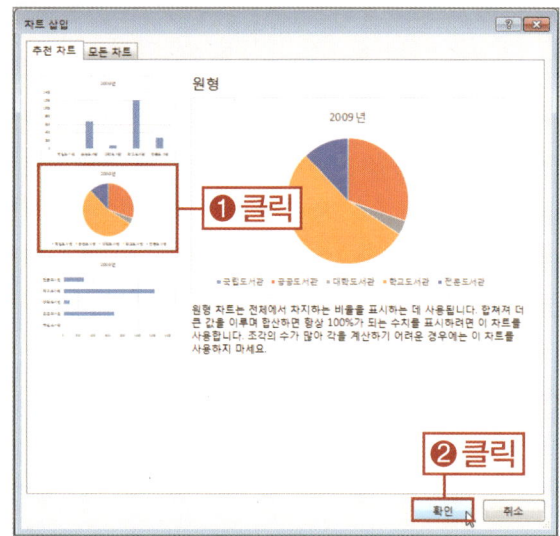

TIP **차트의 종류와 성격**

- 세로 막대형/가로 막대형 차트: 시간의 경과에 따른 데이터 변동을 표시하거나 항목별 비교를 나타내는 데 유용합니다.
- 꺾은 선형 차트: 일정 간격에 따라 데이터의 추세를 나타낼 때 많이 사용합니다.
- 영역형 차트: 시간에 따른 변동의 크기를 강조하여 보여주며 합계 값을 추세와 함께 살펴볼 때 많이 사용합니다.
- 분산형 차트: 여러 데이터 계열에 있는 숫자 값 사이의 관계를 보여줄 때 사용합니다.
- 주식형 차트: 주가 변동을 나타낼 때 많이 사용합니다.
- 표면형 차트: 두 데이터 집합 간의 최적 조합을 찾을 때 많이 사용합니다.
- 방사형 차트: 여러 데이터 계열의 총계를 비교합니다.

3 차트가 삽입되면 차트 옆에 차트 요소를 추가하거나 삭제할 수 있는 [차트 요소](➕), 차트 스타일을 변경할 수 있는 [차트 스타일](🖌), 차트 데이터를 필터링할 수 있는 [차트 필터](🔽) 단추가 나타납니다. 데이터 레이블을 추가하기 위해 [차트 요소](➕)를 클릭합니다.

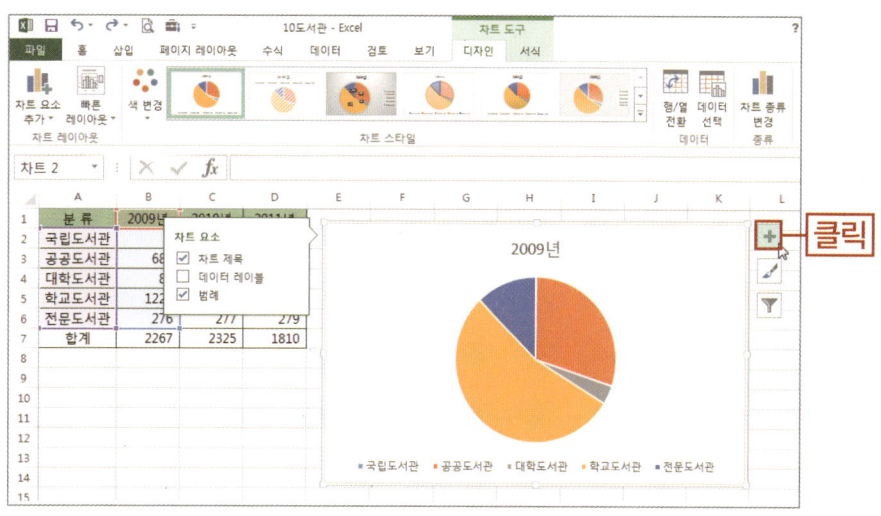

4 [데이터 레이블]을 클릭한 후 [▶]를 선택합니다. [데이터 설명선]을 선택해서 다음과 같이 데이터의 설명선이 들어가도록 합니다.

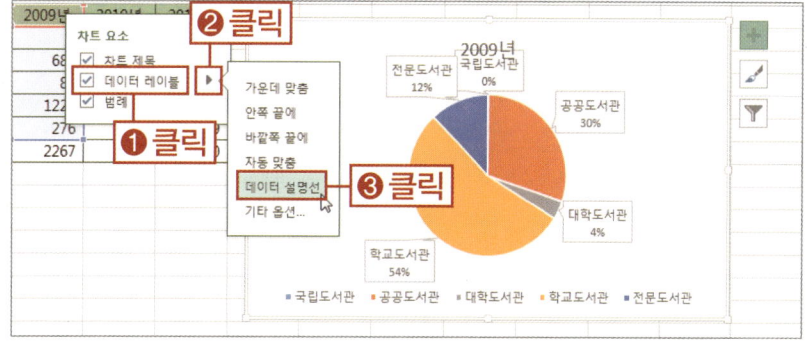

5 아래의 그림과 같이 데이터 설명선을 드래그해서 위치를 조정합니다.

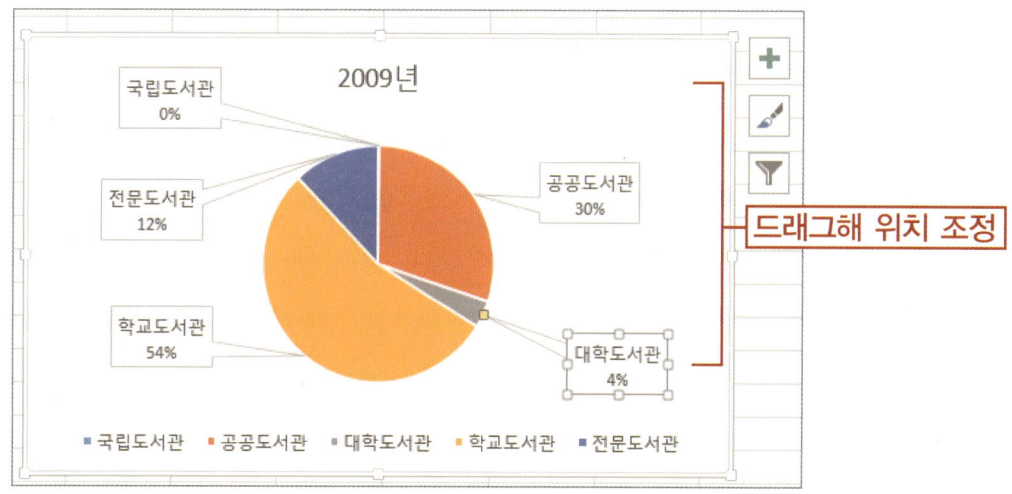

6 차트 제목을 수정하기 위해 [2009년]이란 제목을 더블 클릭하여 입력 가능한 상태로 만든 후 다음과 같이 제목을 입력합니다. 입력이 완료되면 **Esc** 를 누르거나 제목 이외의 곳을 클릭해서 제목 수정 상태에서 나옵니다.

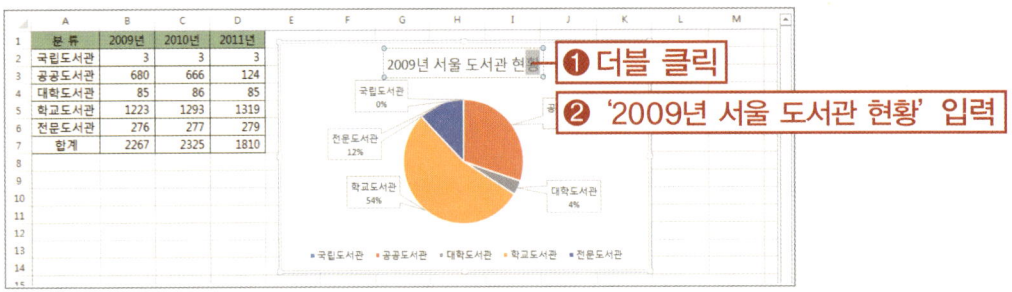

7 이번에는 [차트 도구]-[디자인] 탭의 [차트 스타일] 그룹에서 [스타일 2]를 선택하여 차트의 스타일을 바꿉니다.

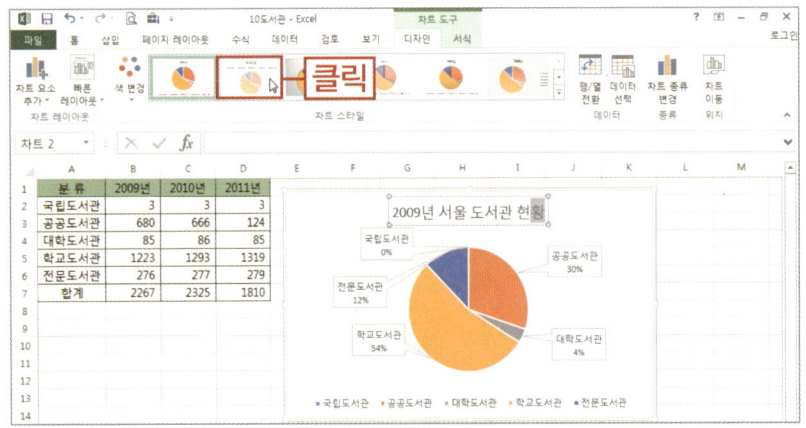

8 [데이터] 그룹에서 [데이터 선택]을 클릭해 '데이터 원본 선택' 대화상자를 불러옵니다. 차트 데이터 범위를 선택하기 위해 A1:A6셀을 먼저 드래그한 후 **Ctrl** 을 누른 채 C1:C6셀을 드래그하여 2010년 현황을 살펴봅니다. 선택이 끝나면 [확인]을 클릭합니다.

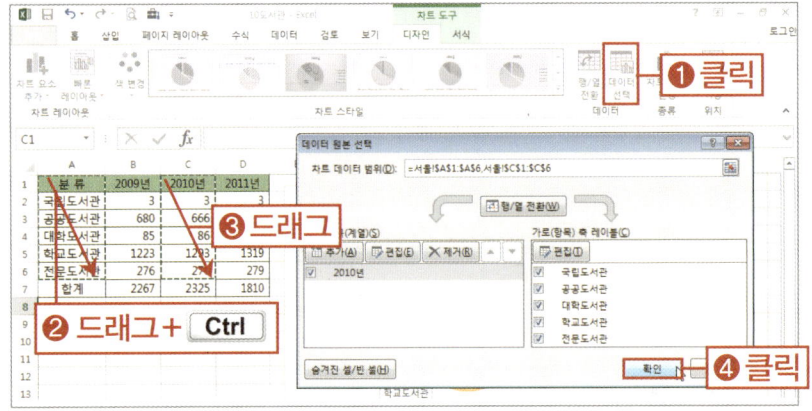

9 이 차트를 차트 시트로 만들기 위해 [위치] 그룹에서 [차트 이동]을 선택합니다. '차트 이동' 대화상자가 나타나면 [새 시트]를 선택하고 시트 제목을 '2010년 서울 도서관 현황' 이라고 적은 후 [확인]을 클릭합니다.

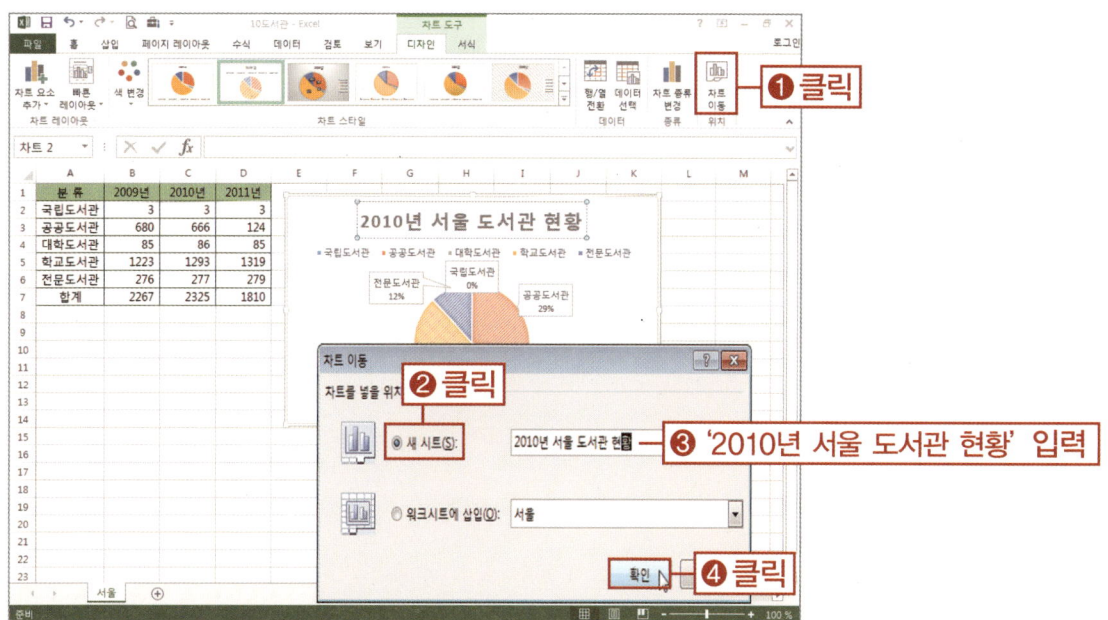

> **TIP** 차트 영역에 마우스 포인터를 옮긴 후 마우스 오른쪽 버튼을 눌러 목록에서 [차트 이동]을 선택해도 됩니다.

10 다음과 같이 차트 시트가 삽입됩니다.

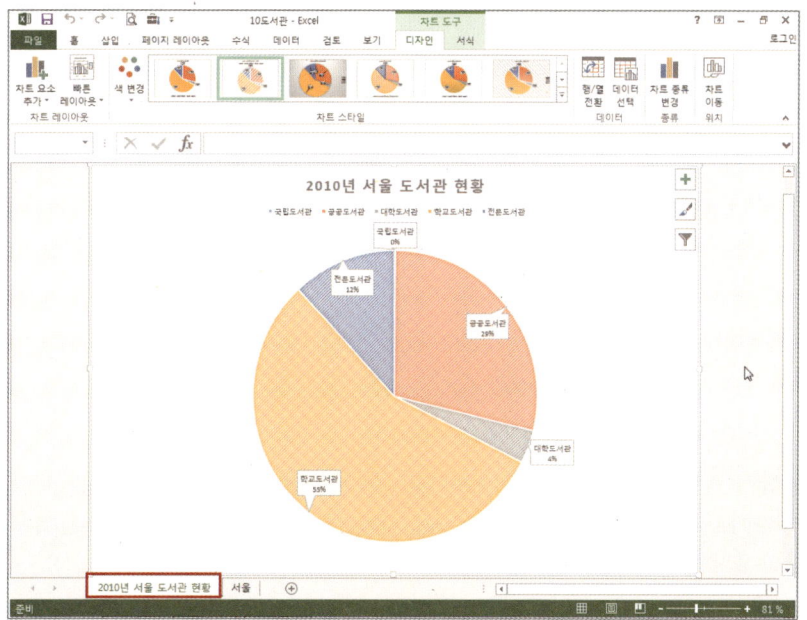

1 '10연습세계의 언어.xlsx' 파일을 불러온 후 '세계언어' 시트 탭을 선택하여 아래와 같이 만들어 보세요.

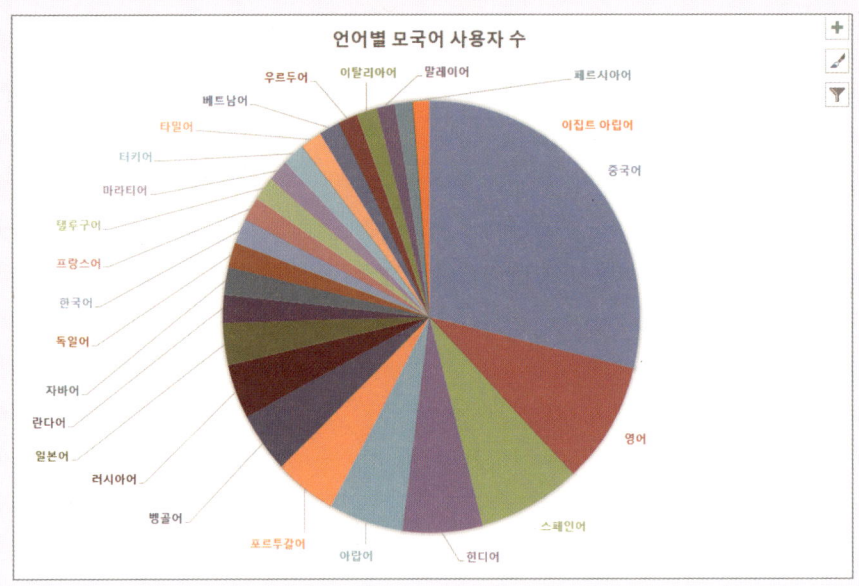

HINT
- 데이터 범위: A2:B26셀 • 차트 유형: 원형
- 차트 제목: 언어별 모국어 사용자 수 • 차트 스타일 수정: 스타일 9
- 차트 시트 만들기: 차트 시트 제목–'차트–언어별 모국어 사용자 수'
- 데이터 레이블: 위치 조정해서 수치가 모두 잘 보이도록 이동

2 '10연습세계의 언어.xlsx' 파일에서 '문화재 예산지원' 시트 탭으로 이동한 후 아래와 같이 만들어 보세요.

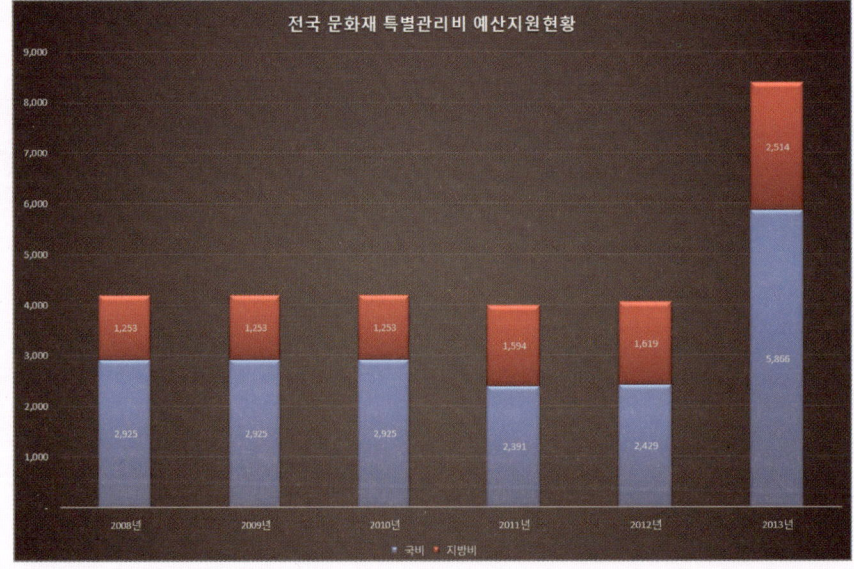

HINT
- 데이터 범위: A3:G5셀 • 추천 차트: 누적 세로 막대형 선택
- 차트 스타일 수정: 스타일 8
- 데이터 레이블 선택 • 차트 시트 만들기: 시트 제목–'차트–문화재 예산지원'
- 차트 제목: '전국 문화재 특별관리비 예산지원현황'

SECTION 11

부분합으로 비용 분석하기

시작하면서

입력한 데이터들을 항목별로 정렬하여 항목별 합을 구하는 것을 부분합이라고 합니다. 이 부분합 기능을 이용하면 항목별 분석이 가능하기 때문에 가계부, 판매 내역, 여행 내역 등 어떤 항목에 지출이 많았는지 적었는지 알 수 있어 내용을 손쉽게 분석할 수 있습니다. 여기에서는 여행기록부 파일을 이용해서 부분합 기능을 알아보도록 하겠습니다.

핵심포인트

부분합 만들기, 수정하기

미리보기

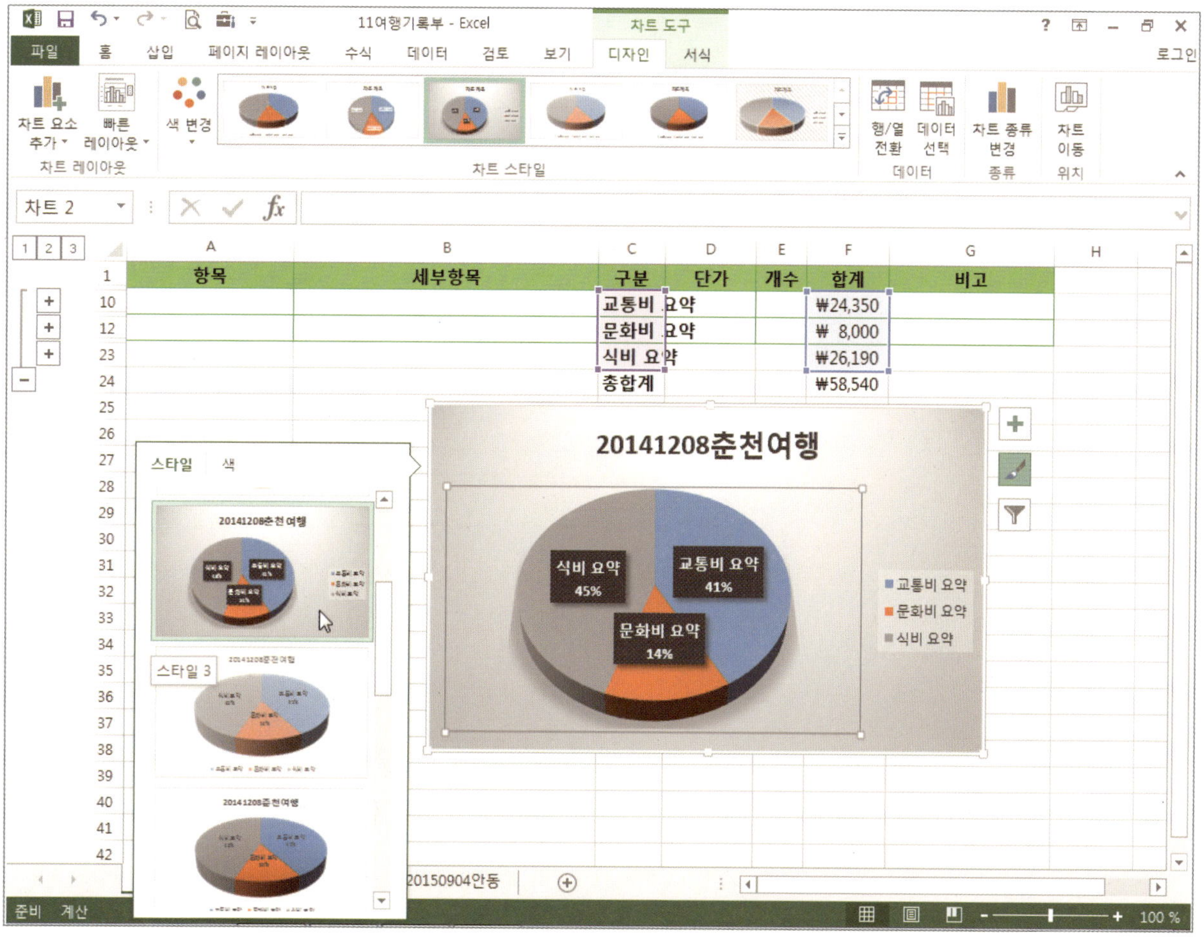

1 '11여행기록부.xlsx' 파일을 불러옵니다. 부분합을 구할 C열(구분 항목)의 아무 셀이나 클릭한 후 [홈] 탭-[편집] 그룹에서 [정렬 및 필터]를 선택하고 [텍스트 오름차순 정렬]을 클릭합니다.

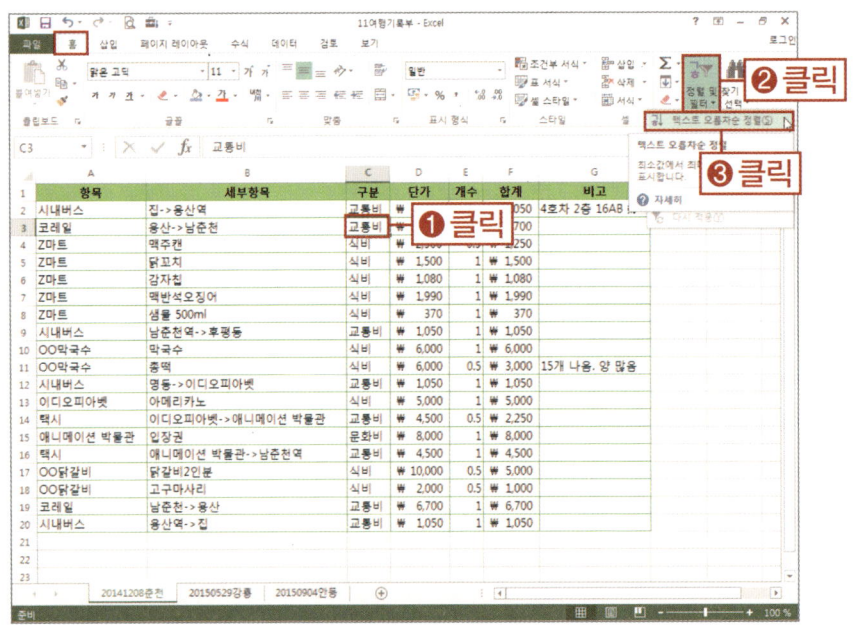

2 정렬이 완료되면 부분합을 구하기 위해 [데이터] 탭을 클릭한 후 [윤곽선] 그룹에서 [부분합]을 선택합니다. '부분합' 대화상자가 나타나면 '그룹화 할 항목'은 [구분]을 '사용할 함수'는 [합계]를 선택하고 '부분합 계산 항 목'은 [합계]만을 선택한 후 [확인]을 누릅니다.

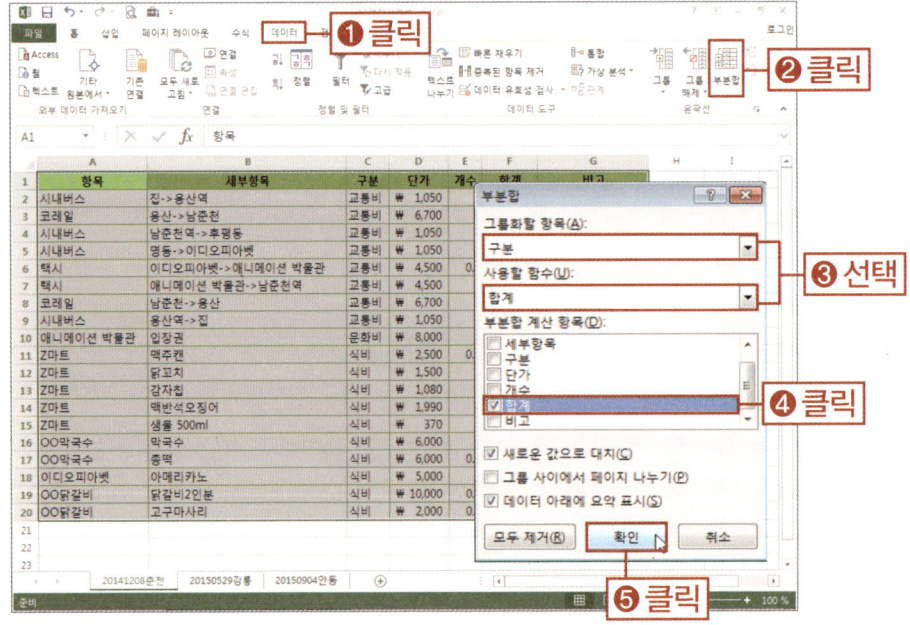

3 다음과 같이 부분합 결과가 나타납니다. 구분별 요약결과만 보기 위해 ②를 클릭합니다.

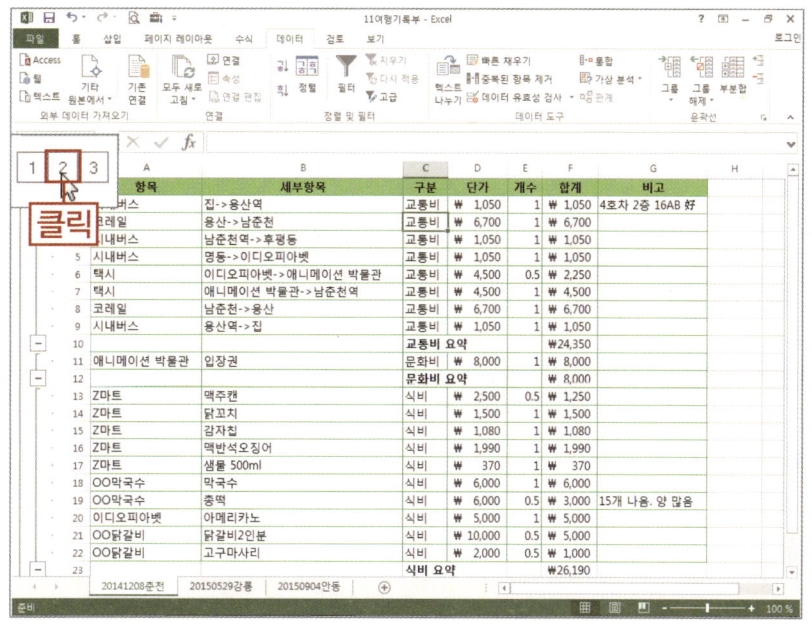

4 다음과 같은 결과가 나타나면 C10셀, C12셀, C23셀을 드래그하고 **Ctrl** 을 누른 채 F10셀, F12셀, F23셀을 드래그하여 각각 선택합니다. 이후 [삽입] 탭-[차트] 그룹에서 [원형]을 클릭한 후 [3차원 원형]을 선택하여 다음과 같은 구분별 차트를 삽입합니다.

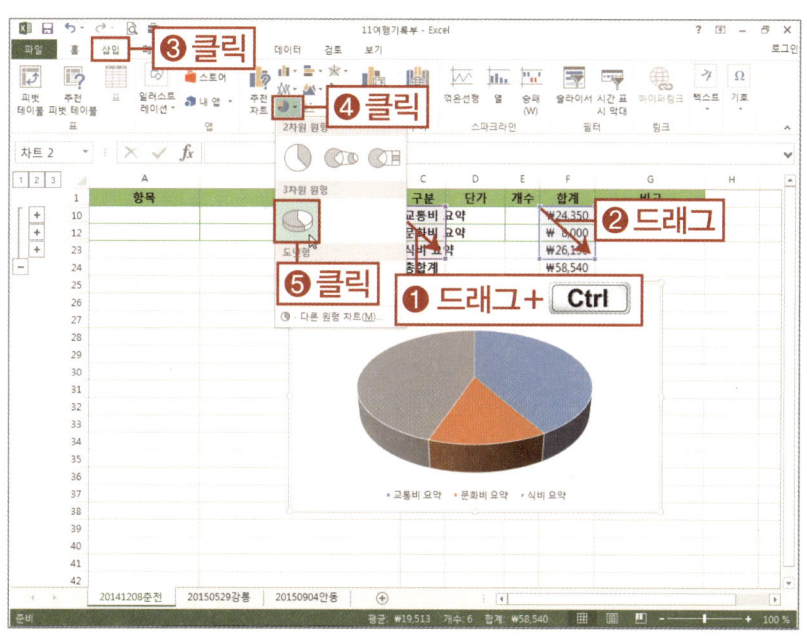

TIP 부분합 결과에서 [2]를 누르면 밑에 [+]가 나타납니다. [+]를 클릭하면 해당 그룹의 모든 내용을 볼 수 있습니다. 전체 내용을 다시 보려면 [3]을 클릭하면 됩니다.

5

차트 제목을 두 번 클릭해 다음과 같이 '20141208춘천여행'이라고 입력합니다.

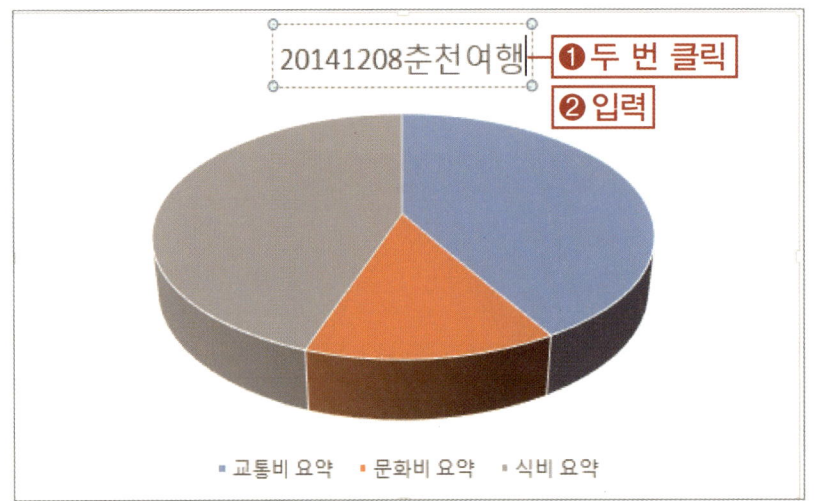

6

[차트 스타일](✏️)을 선택한 후 좌측에 나타나는 스타일 목록에서 [스타일 2]를 선택하고 다시 [스타일3]을 선택하여 비율과 구분명이 모두 나타나도록 합니다.

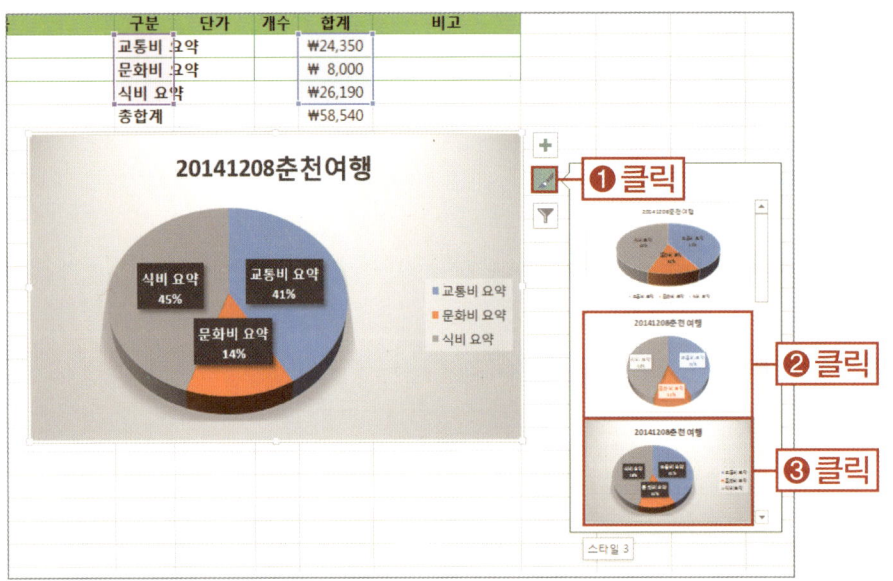

> **TIP** 차트 옆에 보이는 [차트 요소], [차트 스타일], [차트 필터]를 선택하면 차트와 관련된 다양한 옵션이 나타납니다.

1 '11여행기록부.xlsx' 파일의 '20150529강릉' 시트를 열고 부분합과 차트를 이용해서 비용분석을 해보세요.

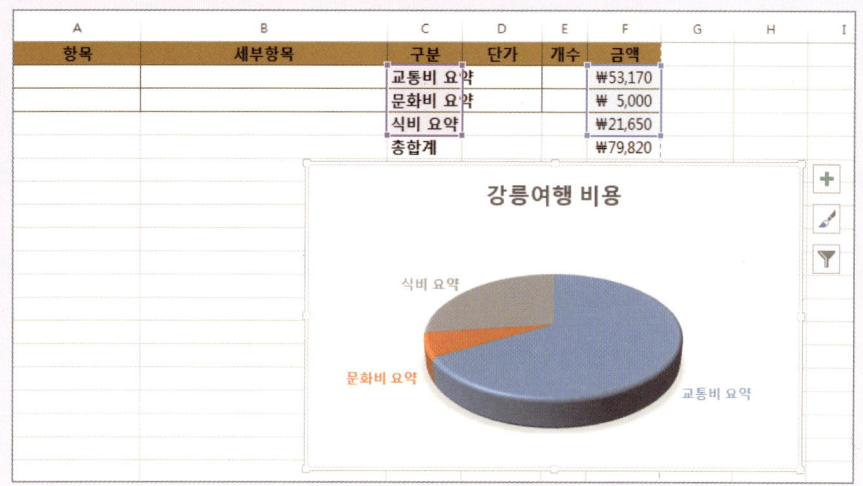

- '구분' 항목: 텍스트 오름차순 정렬
- 부분합 설정: [그룹화할 항목]은 '구분', [사용할 함수]는 '합계', [부분합 계산 항목]은 '금액' 선택
- 구분별 요약 결과만 보기, 데이터 선택: C10, C12, C17셀과 F10, F12, F17셀
- 차트 선택: 3차원 원형, 스타일 8
- 차트 제목: '강릉여행 비용'

2 '11여행기록부.xlsx' 파일의 '20150904안동' 시트를 열고 부분합과 차트를 이용해서 비용분석을 해보세요.

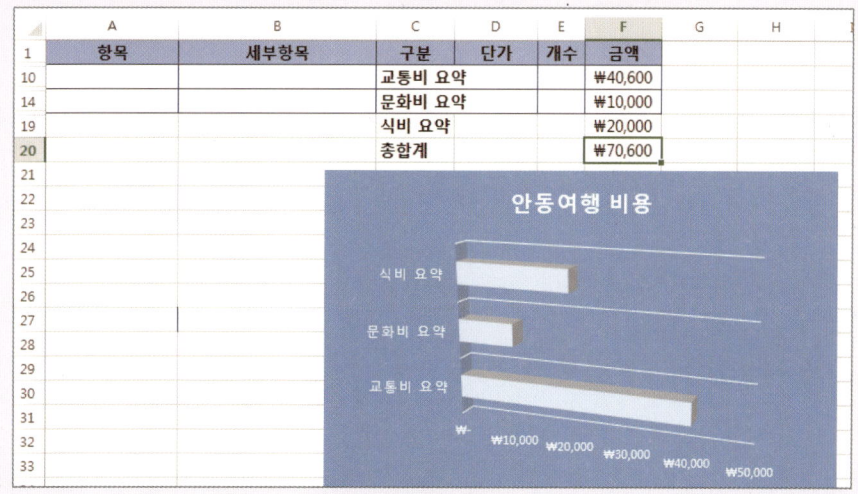

- '구분' 항목: 텍스트 오름차순 정렬
- 부분합 설정: [그룹화할 항목]은 '구분', [사용할 함수]는 '합계', [부분합 계산 항목]은 '금액' 선택
- 구분별 요약 결과만 보기, 데이터 선택: C10, C14, C19셀과 F10, F14, F19셀
- 차트 선택: 3차원 묶은 가로 막대형, 스타일 10
- 차트 제목: '안동여행 비용'

간단한 함수 이용해서
회원정보 관리하기

시작하면서   현재 날짜를 보여주는 Today 함수와 회원 생년월일 연도를 각각 뽑아주는 Mid 함수를 이용해서 회원의 나이를 계산하는 방법을 배워보도록 하겠습니다.

핵심포인트   함수 삽입하기, 날짜 함수 Today(), Year(), 절대 주소와 상대 주소

미리보기

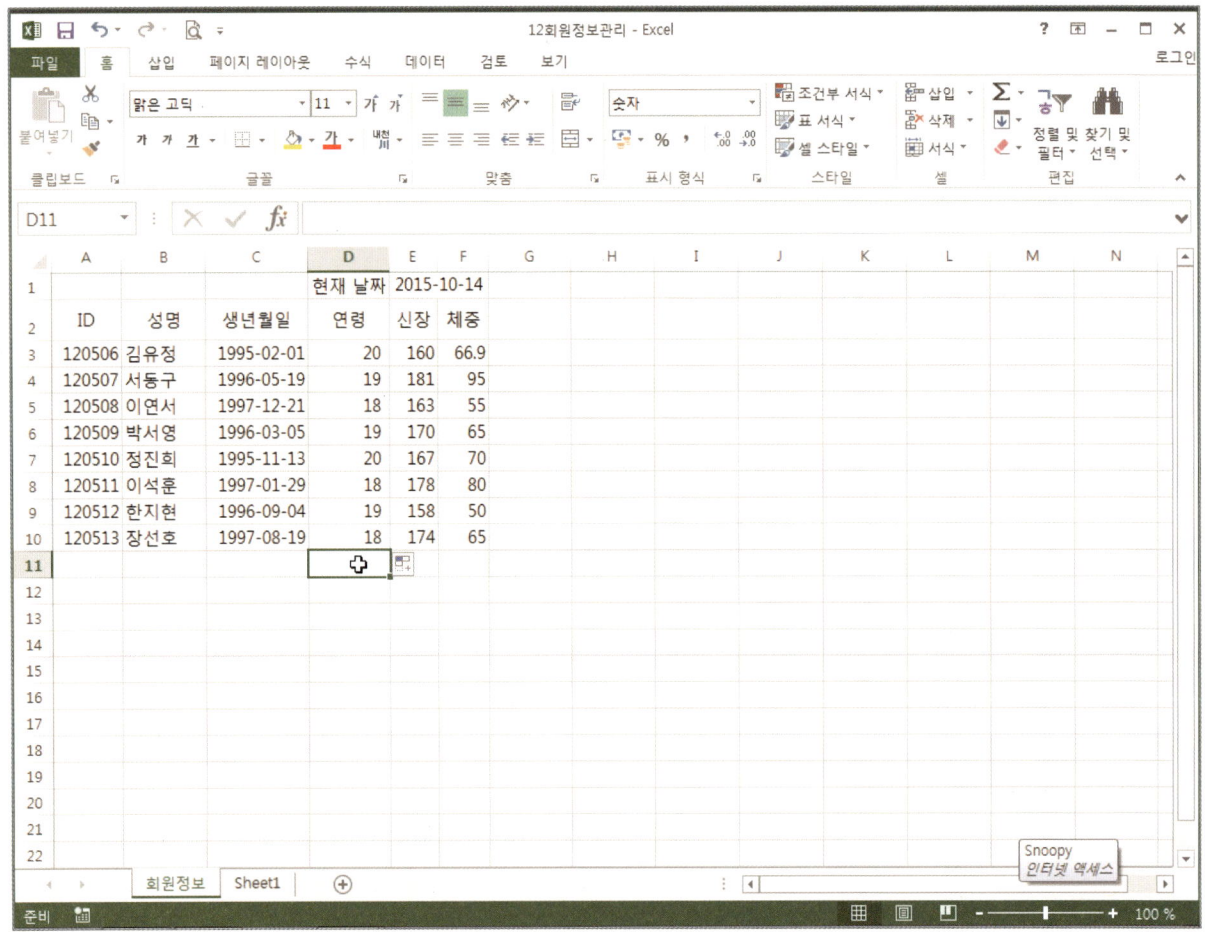

1 '12회원정보관리.xlsx' 파일을 불러와 E1셀을 선택합니다. 현재 날짜를 보여주는 TODAY 함수를 넣기 위해 [수식] 탭을 클릭한 후 [함수 라이브러리] 그룹에서 [날짜 및 시간]을 선택합니다. 목록이 나타나면 [TODAY]를 선택합니다.

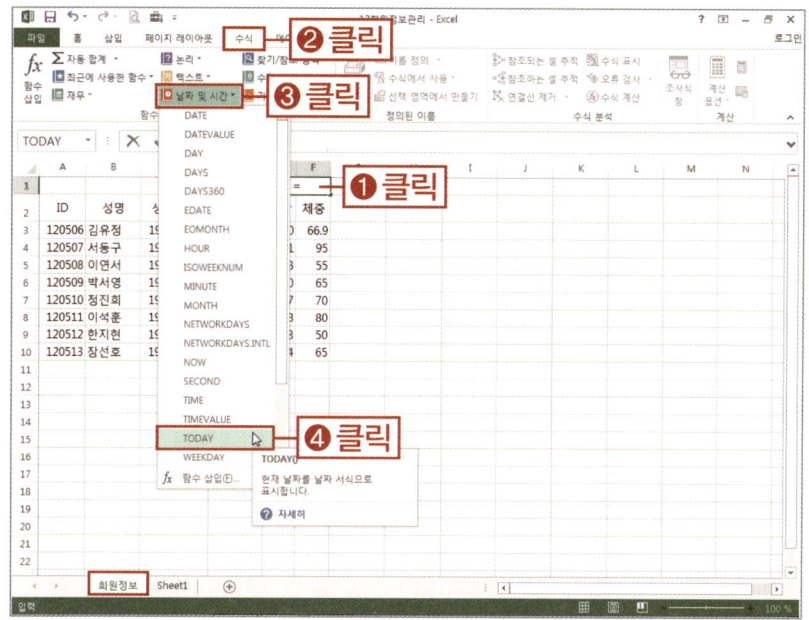

2 '함수 인수' 대화상자가 뜨고 E1셀에 'TODAY()'가 나타납니다. [확인]을 클릭합니다.

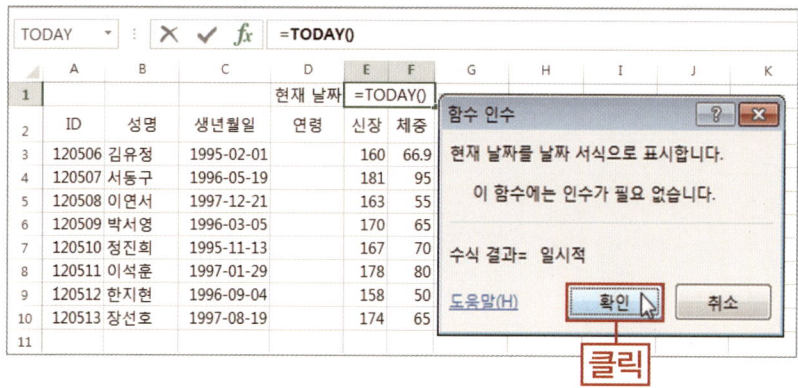

3 다음과 같이 현재 날짜가 들어갑니다. 여러분의 현재 날짜와 맞는지 확인한 후 연령을 구하기 위해 D3셀을 클릭합니다.

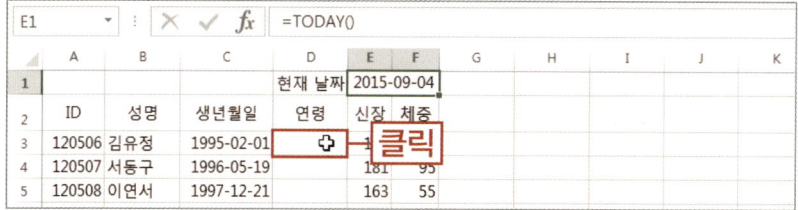

4 [수식] 탭-[함수 라이브러리] 그룹에서 [날짜 및 시간]을 클릭한 후 [YEAR]를 선택합니다.

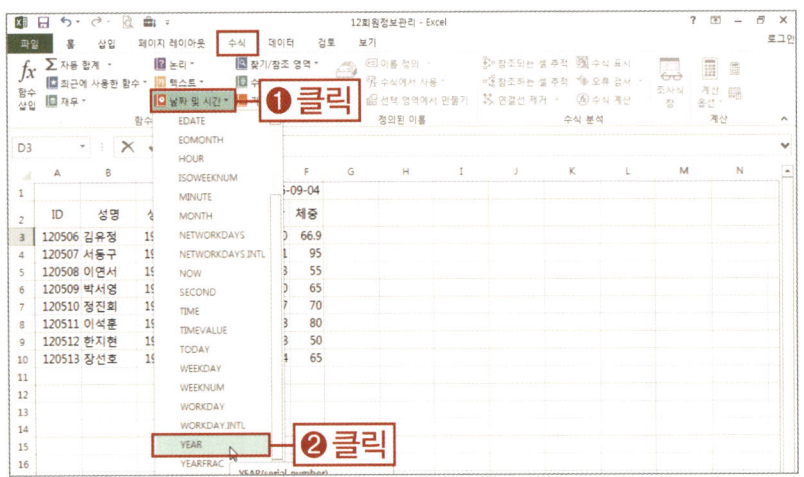

5 '함수 인수' 대화상자가 나타나면 'Serial_number' 인수에 현재 날짜가 들어있는 E1셀을 클릭하고 [확인]을 누릅니다.

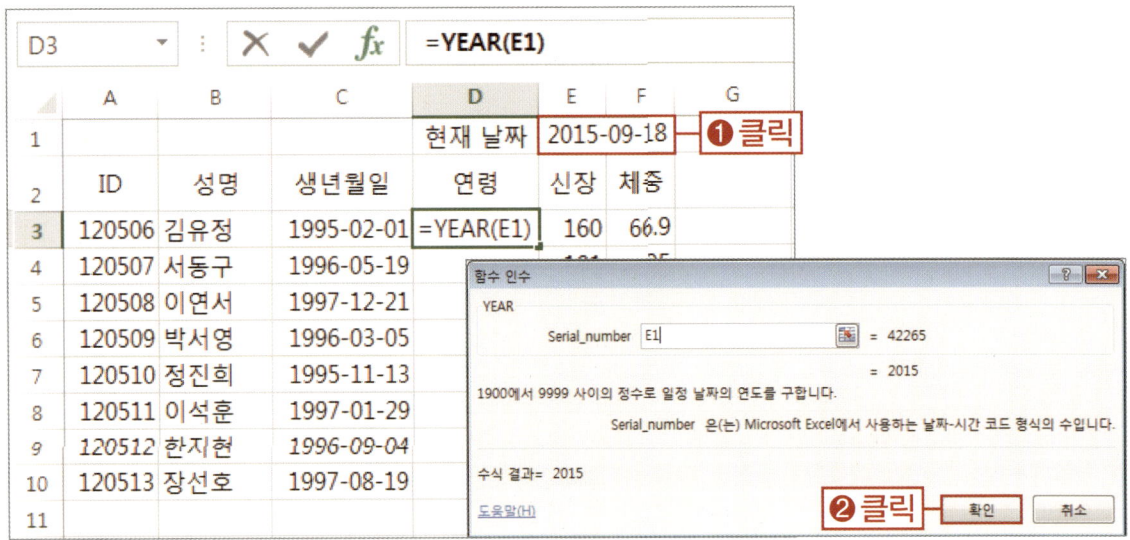

6 현재 날짜의 연도만 나타납니다.

	A	B	C	D	E	F	G
1				현재 날짜	2015-09-04		
2	ID	성명	생년월일	연령	신장	체중	
3	120506	김유정	1995-02-01	2015	160	66.9	
4	120507	서동구	1996-05-19		181	95	
5	120508	이연서	1997-12-21		163	55	
6	120509	박서영	1996-03-05		170	65	
7	120510	정진희	1995-11-13		167	70	
8	120511	이석훈	1997-01-29		178	80	

7 현재 연도에서 생년월일의 연도(YEAR함수 사용)를 뺀 다음 1을 더해서 회원의 나이가 나타나도록 하기 위해 D3셀을 클릭한 후 수식 입력줄에 이미 입력되어 있는 =YEAR(E1) 뒤에 '-YEAR(C3)+1'을 입력하고 Enter 를 누릅니다.

D3	▼	:	✕	✓	fx	=YEAR(E1)-YEAR(C3)+1	❷ 입력 + Enter

	A	B	C	D	E	F	G
1				현재 날짜	2015-09-04		
2	ID	성명	생년월일	연령	신장	체중	
3	120506	김유정	1995-02-01	R(C3)+1	❶ 클릭		
4	120507	서동구	1996-05-19		181	95	
5	120508	이연서	1997-12-21		163	55	

8 자동 채우기를 이용해서 남은 회원들의 연령을 구하려면 E1셀 값(현재 연도)은 변하면 안 되기 때문에 절대주소를 이용해야 합니다. 절대주소를 사용하기 위해 D3셀을 클릭한 후 수식 입력줄에 나타난 'E1' 부분에 커서를 놓고 F4 를 눌러 'E1'이 되도록 합니다. 이후 Enter 을 누릅니다.

YEAR	▼	:	✕	✓	fx	=YEAR(E1)-YEAR(C3)+1

❷ 커서 이동 + F4   ❸ Enter

	A	B	C		D	E	F	G
1					현재 날짜	2015-09-04		
2	ID	성명	생년월일		연령	신장	체중	⬦
3	120506	김유정	1995-02-01		AR(E1)-Y	❶ 클릭		
4	120507	서동구	1996-05-19			181	95	
5	120508	이연서	1997-12-21			163	55	

> **TIP 상대 주소와 절대 주소**
> -상대 주소: 자동 채우기를 할 경우, 계속해서 셀 값이 변해야 할 때 사용합니다. 예) A1
> -절대 주소: 자동 채우기를 할 경우, 셀 값이 바뀌지 않도록 할 때 사용합니다. 예) A1

9 채우기 핸들을 클릭하여 D10셀까지 드래그해 연령을 계산합니다.

	A	B	C	D	E	F	G
1				현재 날짜	2015-09-04		
2	ID	성명	생년월일	연령	신장	체중	
3	120506	김유정	1995-02-01	21	160	66.9	
4	120507	서동구	1996-05-19		181	95	
5	120508	이연서	1997-12-21		163	55	
6	120509	박서영	1996-03-05		170	65	
7	120510	정진희	1995-11-13		167	70	
8	120511	이석훈	1997-01-29				
9	120512	한지현	1996-09-04		158	50	
10	120513	장선호	1997-08-19		174	65	
11							

드래그

1 '12연습01동물병원.xlsx' 파일을 불러와 다음 사항을 적용해 보세요.

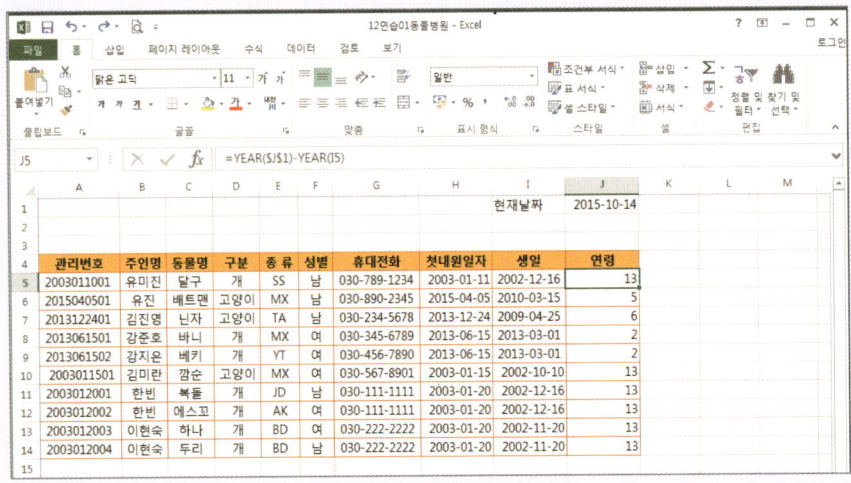

- J1셀: TODAY 함수로 현재 날짜 표시하기
- J5셀: YEAR 함수를 이용해서 현재 날짜에서 연도를 가져온 값(절대 주소)을 설정한 후 다시 YEAR 함수를 이용하여 동물의 생일에서 연도를 가져온 값을 빼서 연령 구하기
- J14셀까지 자동 채우기로 동물들의 연령을 구합니다.

2 '12연습02기념일.xlsx' 파일을 불러와 다음 사항을 적용해 보세요.

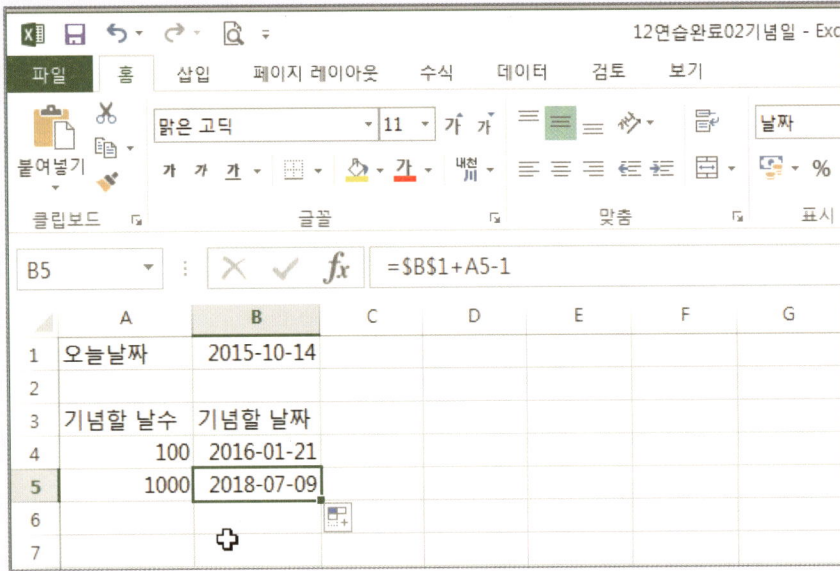

- B1셀: TODAY 함수로 현재 날짜 표시하기
- B4셀: B1셀에 들어 있는 날짜(절대 주소)에서 A4셀에 입력되어 있는 수를 더한 다음 1을 빼서 기념할 날짜 계산하기
- B5셀: 자동 채우기로 값을 계산합니다.

SECTION

13 머리글/바닥글 이용해서 서류 꾸미기

시작하면서 머리글은 시트를 인쇄할 때 상단에 계속 인쇄되는 내용이며, 바닥글은 하단에 계속 인쇄되는 내용입니다. 주로 시트명이나 파일명, 페이지 수 등이 들어가거나 회사의 경우 회사명이나 로고가 들어가기도 합니다. 인쇄물의 모든 페이지마다 들어가기 원하는 내용을 넣을 수 있습니다.

핵심포인트 머리글 바닥글 삽입하기, 머리글/바닥글 요소 선택하기, 여백 표시하기

미리보기

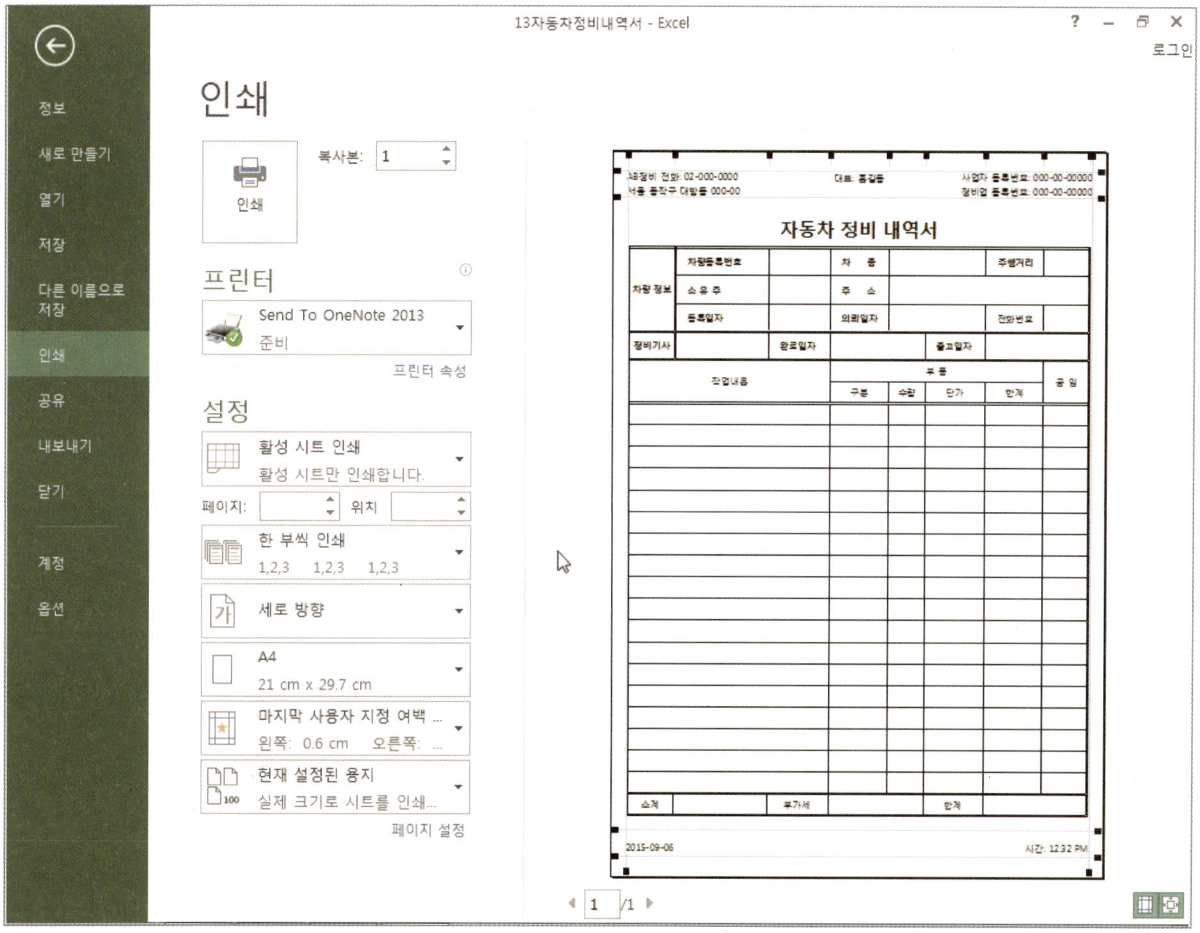

1 '13자동차정비내역서.xlsx' 파일을 불러옵니다. 머리글을 삽입하기 위해 [삽입] 탭을 클릭한 후 [텍스트] 그룹에서 [머리글/바닥글]을 클릭합니다.

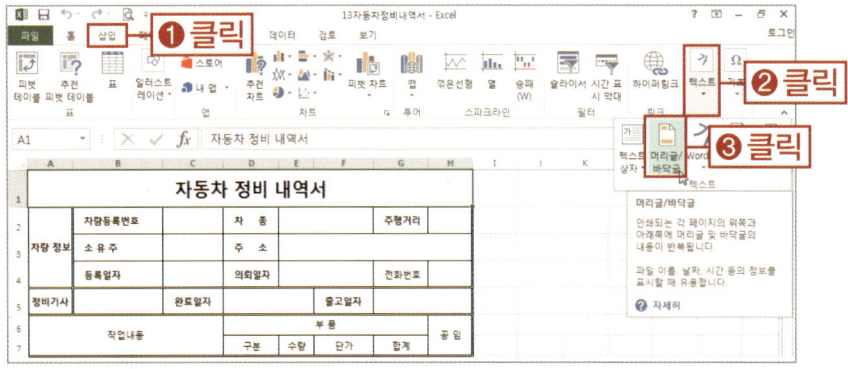

2 시트 화면이 페이지 레이아웃 보기 형태로 바뀌고 머리글이 나타납니다. 왼쪽 머리글부터 입력하기 위해 왼쪽 머리글의 빈 공간을 클릭하고 'AB정비센터 대표: 홍길동'을 입력합니다.

3 'AB정비센터' 부분을 드래그해 블록 설정하고 [홈] 탭을 선택한 후 [글꼴] 그룹에서 글꼴 크기의 목록 단추(▾)를 클릭해 [24]를 선택합니다.

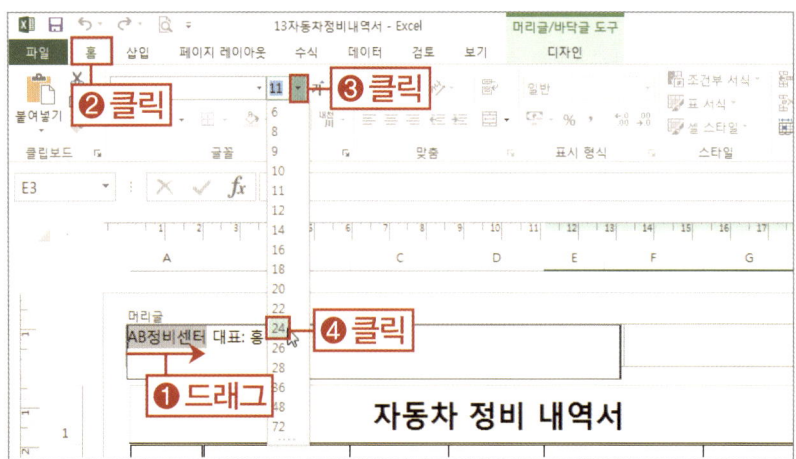

4 이번에는 우측 머리글의 빈 공간을 클릭한 후 '사업자 등록번호: 000-00-00000'를 입력합니다.

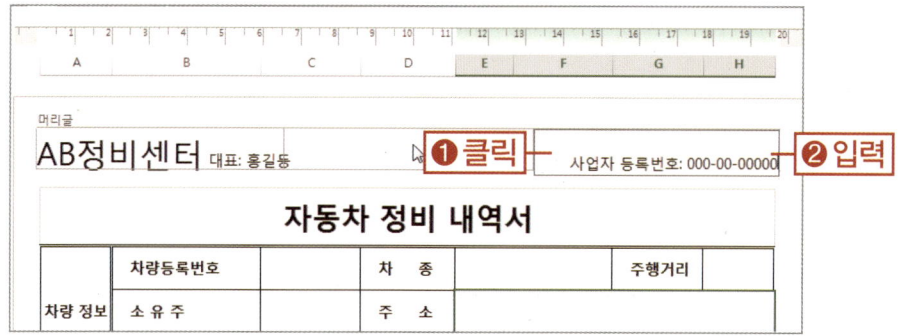

STEP 2 ▶ 바닥글 편집하기

5 바닥글로 이동하기 위해 [머리글/바닥글] 도구의 [디자인] 탭을 클릭한 후 [탐색] 그룹에 있는 [바닥글로 이동]을 선택합니다.

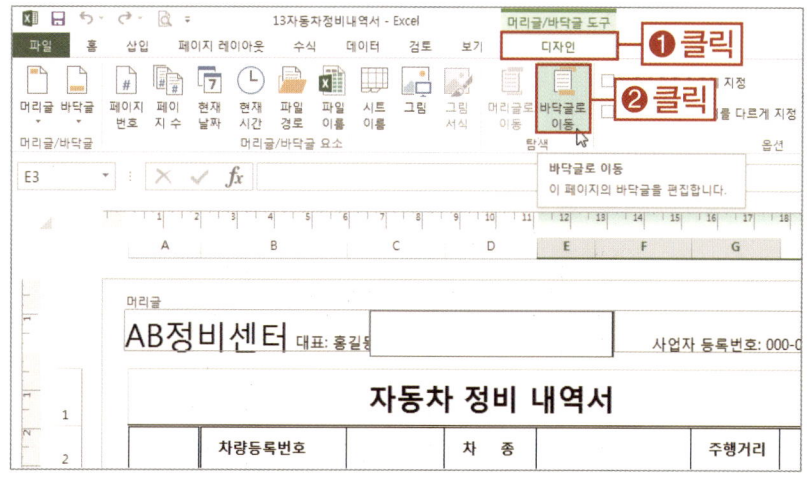

6 바닥글로 이동하면 왼쪽 바닥글의 빈 공간을 클릭합니다. 현재 날짜와 현재 시간을 넣기 위해 [머리글/바닥글 요소] 그룹에서 [현재 날짜]를 선택한 후 바로 옆에 있는 [현재 시간]도 같이 클릭합니다.

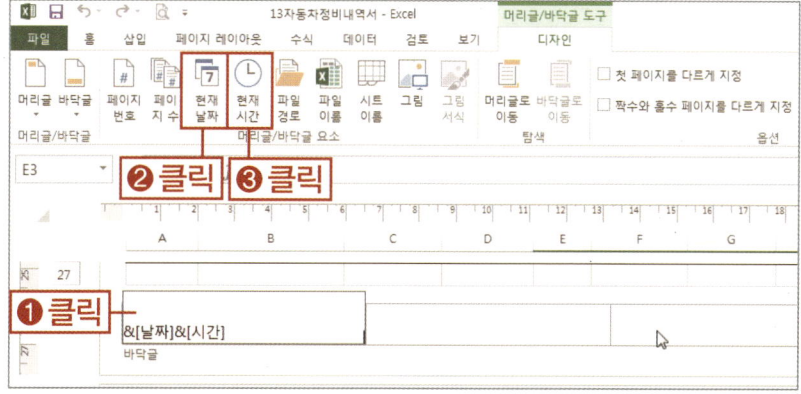

7 오른쪽 바닥글을 클릭하여 자신의 주소를 입력한 후 시트의 다른 영역을 클릭해서 머리글/바닥글 입력 상태에서 빠져나갑니다. 이후 빠른 실행 도구 모음에서 [인쇄 미리보기/인쇄](🔍)를 클릭합니다.

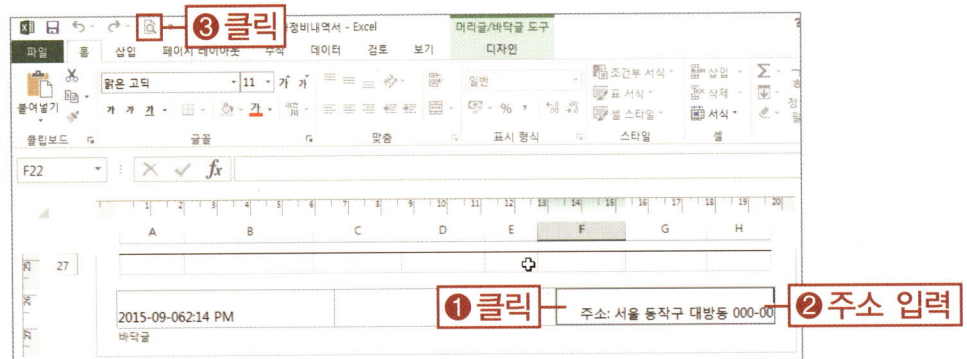

> **TIP** **통합 문서 기본 보기**
> 머리글/바닥글에서 빠져나왔을 때 계속 페이지 레이아웃 보기 상태가 보이면 [보기] 탭-[통합 문서 보기] 그룹-[기본]을 클릭해서 기본 화면 보기로 돌아올 수 있습니다.

8 인쇄 화면이 나타나며 이전에 작업한 머리글/바닥글이 미리보기 화면에 나타나는 것을 확인할 수 있습니다.

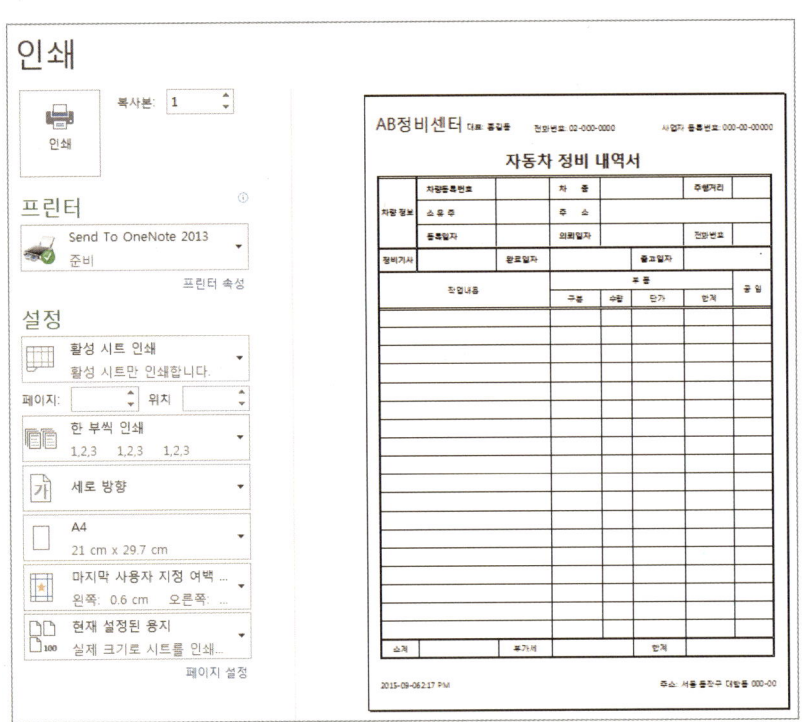

> **TIP** • 인쇄 화면으로 가는 단축키: [Ctrl]+[P]
> • 여러 매를 인쇄하고 싶다면 [인쇄] 단추 옆의 복사본 장 수를 원하는 대로 지정하면 됩니다.

1 '13연습01영수증.xlsx' 파일을 불러와 다음 그림과 같이 머리글과 바닥글을 설정해 보세요.

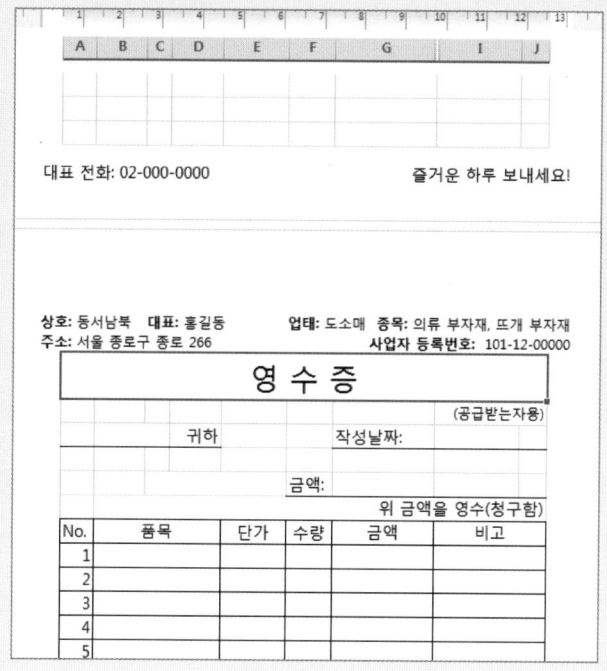

- 머리글 좌측과 우측에만 텍스트 삽입, 굵게
- 바닥글 좌측과 우측에만 텍스트 삽입

2 '13연습02거래처.xlsx' 파일을 불러와 다음 그림과 같이 머리글과 바닥글을 설정해 보세요.

- 머리글 좌측: '(주)한미양행'을 입력한 후 시트 이름이 들어가도록 [디자인] 탭-[머리글/바닥글 요소] 그룹-[시트 이름] 클릭
- 바닥글 중앙: [디자인] 탭-[머리글/바닥글 요소] 그룹-[페이지 번호] 클릭 후 '/'를 입력하고 [페이지 수]를 선택해서 현재 페이지와 전체 페이지 수를 알 수 있도록 설정

SECTION 14

메모 기능 이용하여 간단 메모 삽입하기

시작하면서

엑셀 문서에 여러 데이터를 입력할 때 그 데이터에 관해 설명이 필요한 경우가 있습니다. 옆의 셀이 비어 있다면 입력할 수 있겠지만 입력하는 것이 여의치 않을 경우 메모 기능을 사용하면 좋습니다. 메모는 필요할 때마다 꺼내볼 수도 있고 인쇄도 가능하며 숨기는 것도 가능합니다. 이번 장에서는 메모 사용법에 대해 배워보도록 하겠습니다.

핵심포인트

셀에 메모 추가하기, 메모 표시/숨기기, 메모 인쇄하기

미리보기

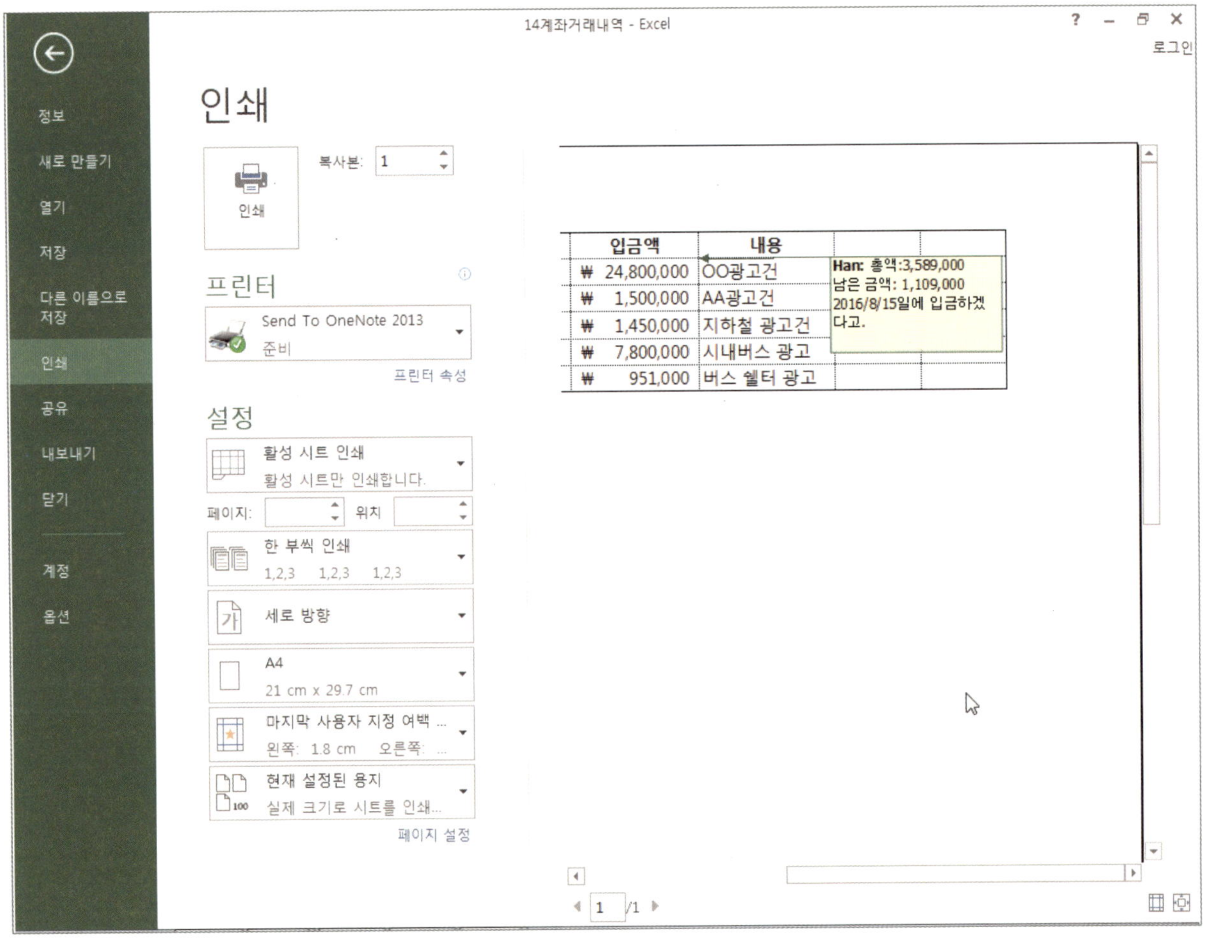

1 '14계좌거래내역.xlsx' 파일을 불러옵니다. 메모를 삽입할 D2셀을 클릭한 후 [검토] 탭-[메모] 그룹에서 [새 메모]를 클릭합니다.

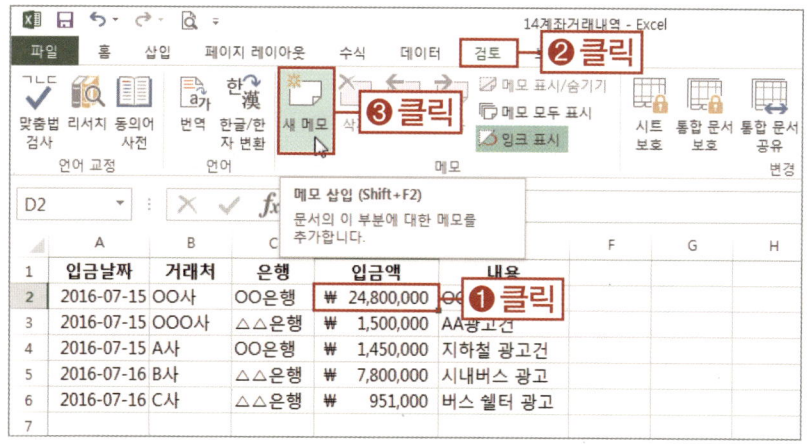

2 메모가 삽입되면 메모 안을 클릭해 내용을 입력합니다. 입력이 완료되면 메모 내용이 다른 내용을 가리지 않도록 메모 바깥쪽 선을 드래그해 이동시킵니다.

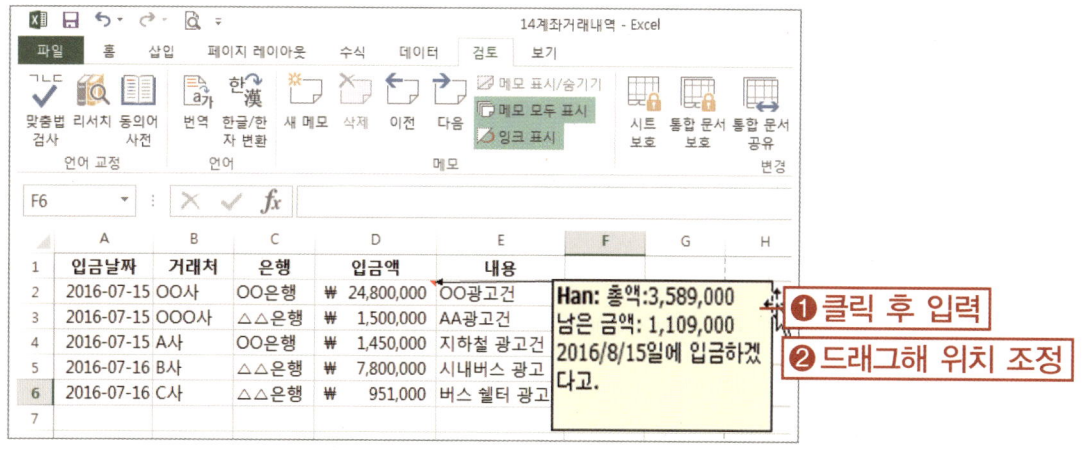

3 빠른 실행 도구 모음에서 [인쇄 미리 보기/인쇄](🔍)를 클릭하여 인쇄 화면으로 이동한 후 메모를 인쇄하기 위해 [페이지 설정]을 클릭합니다.

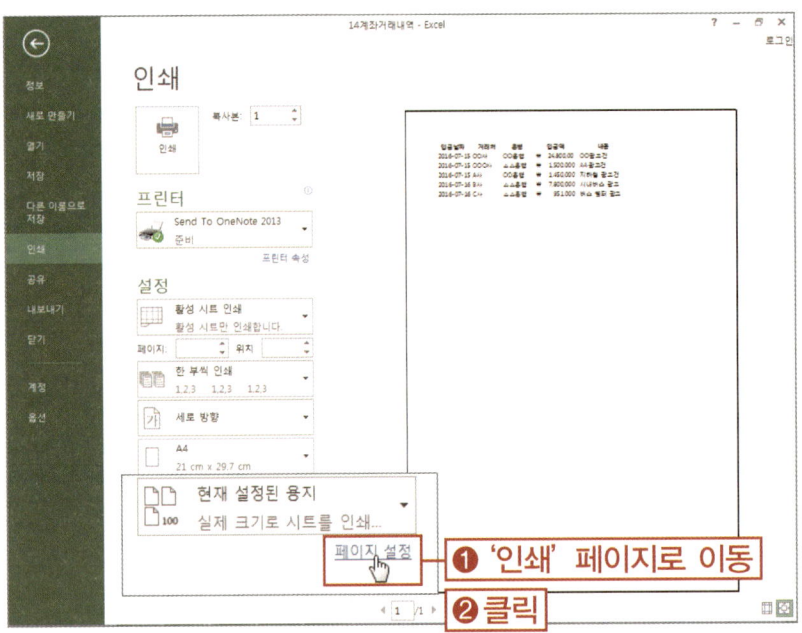

4 '페이지 설정' 대화상자가 나타나면 [시트] 탭을 선택한 후 '인쇄' 항목에서 [눈금선]을 체크하여 내용이 들어 있는 셀들의 윤곽선이 보이도록 합니다. 메모가 시트의 끝에 나타나도록 '메모'의 목록 단추(▼)를 클릭한 후 목록에서 [시트 끝]을 선택하고 [확인]을 클릭합니다.

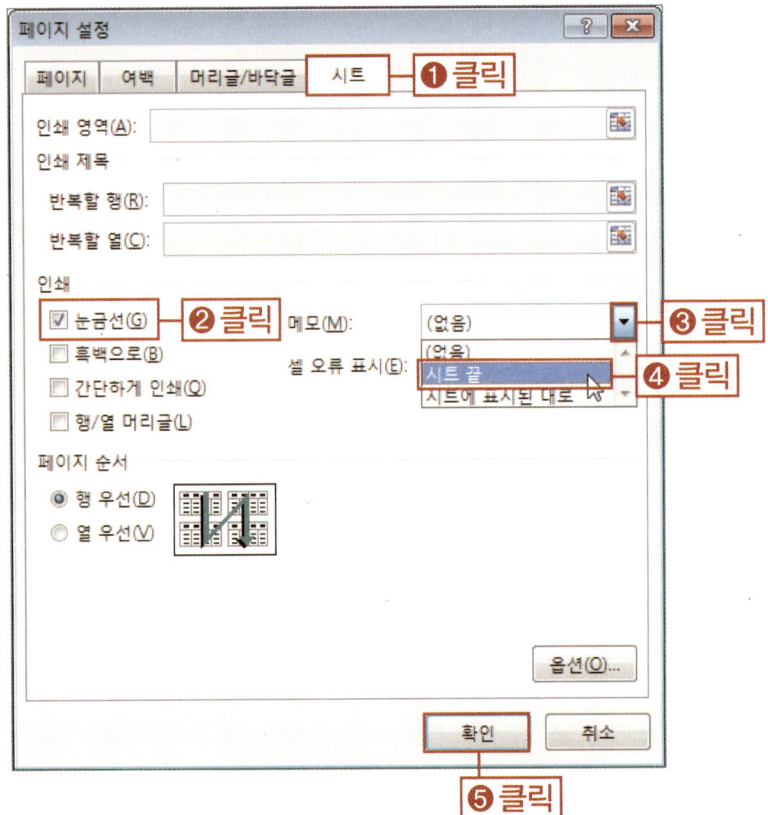

5 인쇄 미리보기 화면에서 눈금선을 확인할 수 있습니다. 메모가 추가되면서 인쇄 페이지가 1장에서 2장으로 늘어나 하단의 [다음 페이지](▶)를 클릭해야 메모를 확인할 수 있습니다.

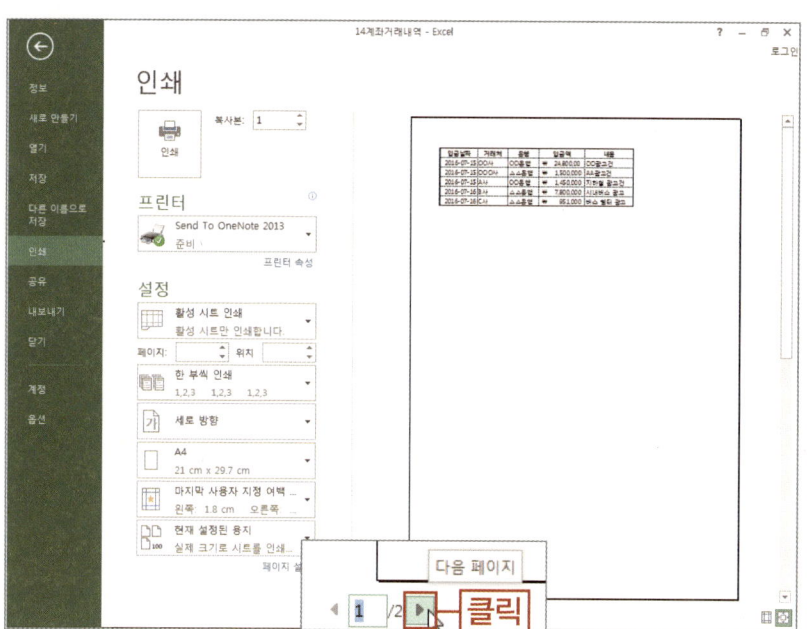

6 두 번째 페이지가 나타나면 메모 내용을 확인하기 위해 [페이지 확대/축소](▣) 단추를 눌러 페이지를 확대합니다. 확인이 완료되면 (←)를 눌러 다시 시트 편집 화면으로 돌아갑니다.

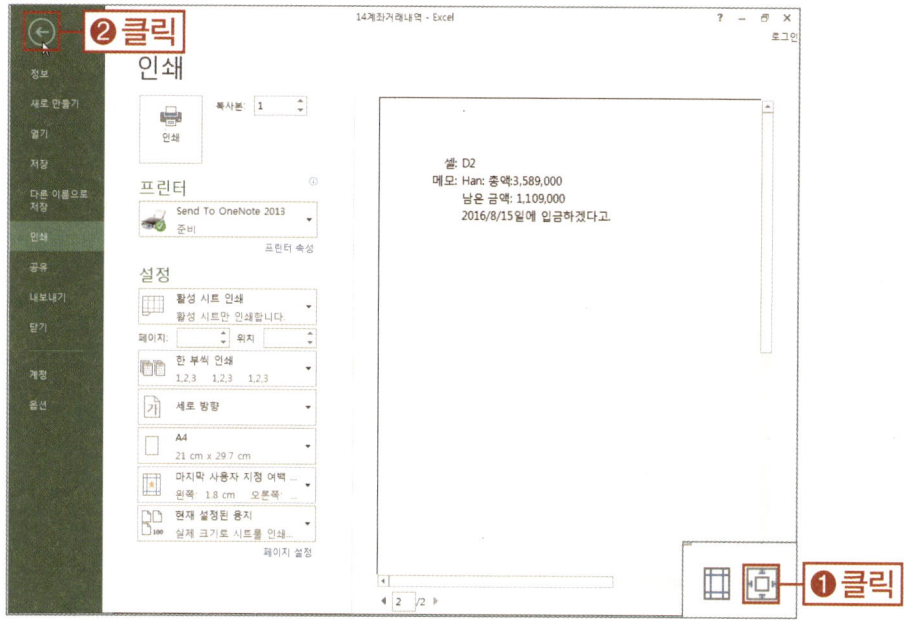

> **TIP** 인쇄 화면에서 워크시트 편집 화면으로 돌아가려면 **Esc** 를 눌러도 됩니다.

7 [검토] 탭-[메모] 그룹에서 [메모 표시/숨기기]를 클릭해 삽입한 메모가 시트에 숨겨지도록 합니다.

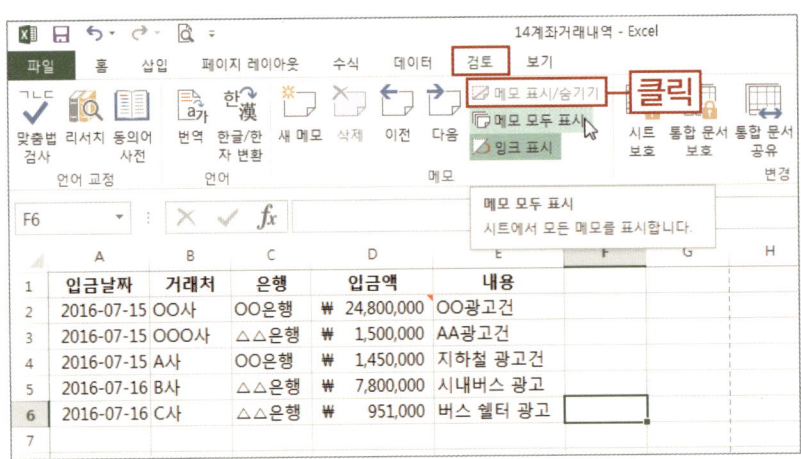

8 [메모 모두 표시]를 클릭해 시트 위로 메모가 나타나게 합니다. 이후 한 페이지 안에 모든 내용이 인쇄되도록 메모 바깥쪽 선을 드래그해 안쪽으로 이동시킵니다.

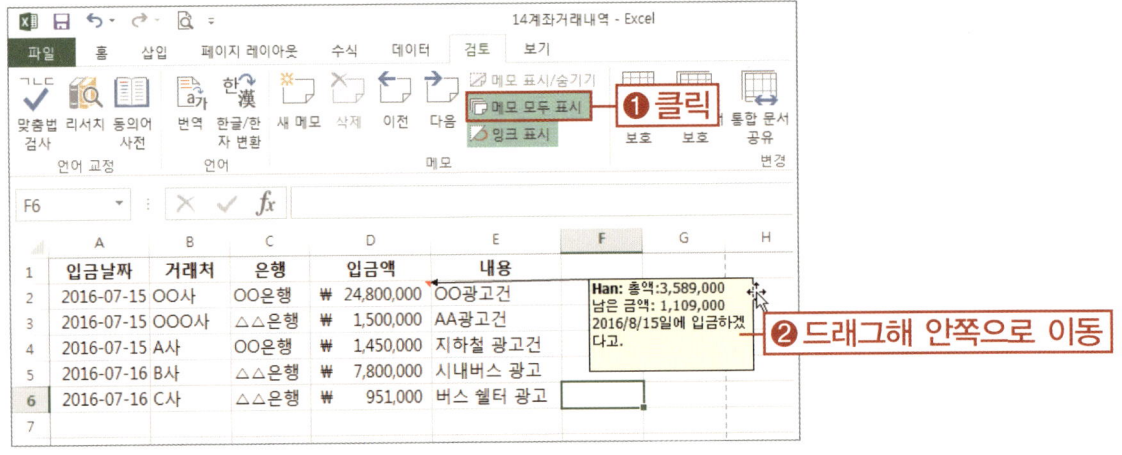

9 [인쇄 미리보기/인쇄](🔍) 단추를 클릭하여 다시 인쇄 미리 보기 화면으로 돌아갑니다.

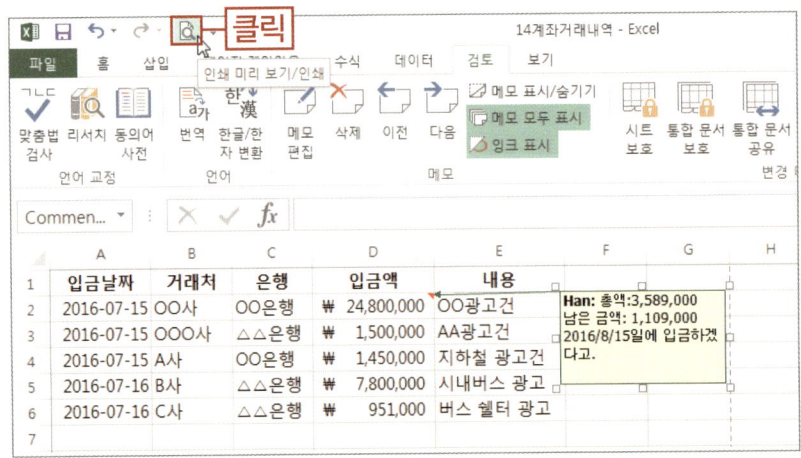

10 인쇄 화면에서 [페이지 설정]을 클릭한 후 '페이지 설정' 대화상자에서 [시트] 탭을 클릭합니다. 이후 '인쇄' 항목에 있는 '메모'의 목록 단추(▼)를 클릭하고 이번에는 [시트에 표시된 대로]를 선택한 후 [확인]을 클릭하여 내용이 시트 화면과 비슷하게 나오도록 합니다.

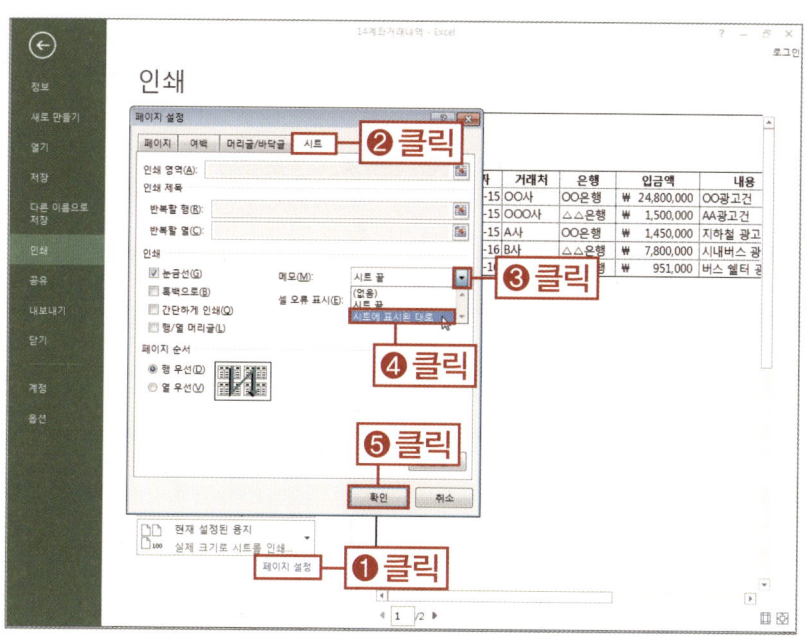

> **TIP** 메모의 삽입과 삭제, 편집 등 메모와 관련된 거의 모든 것은 [검토] 탭−[메모] 그룹에서 이루어집니다. 다만, 인쇄에 대한 내용만 '페이지 설정' 대화상자에서 이루어집니다.

11 모든 내용을 한 페이지에서 확인할 수 있습니다. 하단의 스크롤 바를 오른쪽으로 드래그하여 메모의 인쇄 모양을 확인합니다.

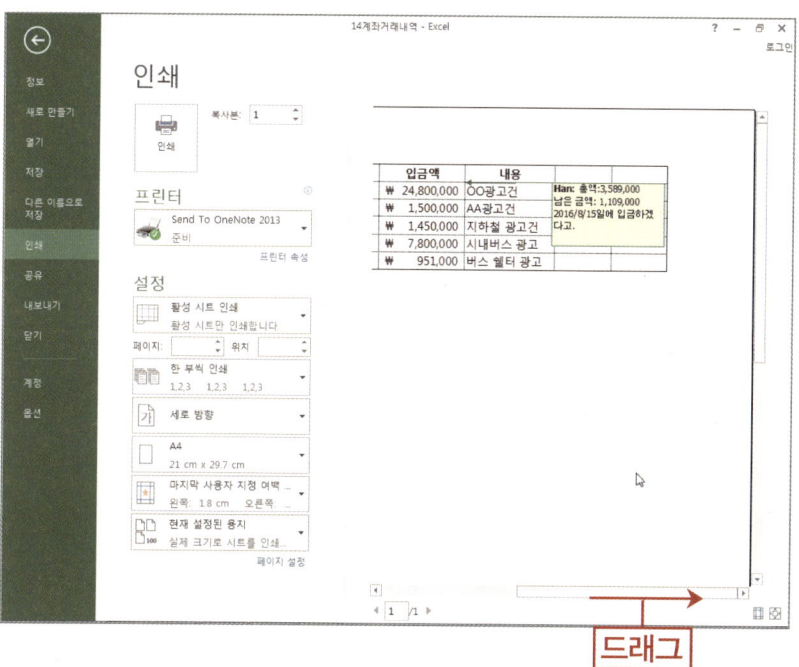

1

'14연습여행기록부.xlsx' 파일을 불러옵니다. '20141208춘천' 시트의 B3셀과 B11셀에 다음과 같이 메모 두 개를 삽입한 후 메모가 표시되도록 합니다. 이후 '시트에 표시된 대로' 인쇄되도록 해보세요.

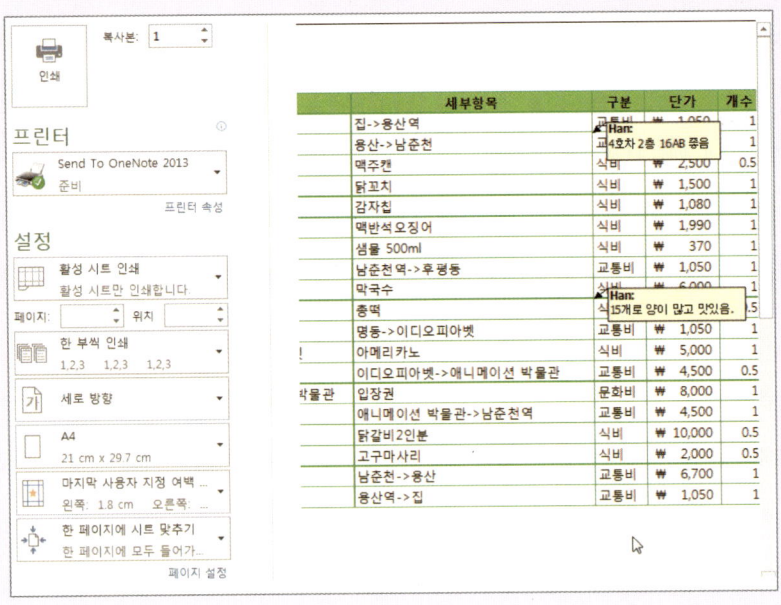

 B3셀, B11셀을 각각 클릭한 후 [검토] 탭-[메모] 그룹에서 [새 메모]를 클릭하여 메모를 삽입 → 인쇄 페이지로 이동하여 [페이지 설정] 클릭한 후 [시트] 탭을 선택 → '인쇄'의 '메모' 목록에서 [시트에 표시된 대로] 선택

2

'14연습여행기록부.xlsx' 파일의 '20150529강릉' 시트를 선택하고 B3셀과 B11셀에 다음과 같이 메모 두 개를 삽입한 후 메모가 표시되도록 합니다. 이후 '시트 끝'에 인쇄되도록 해보세요.

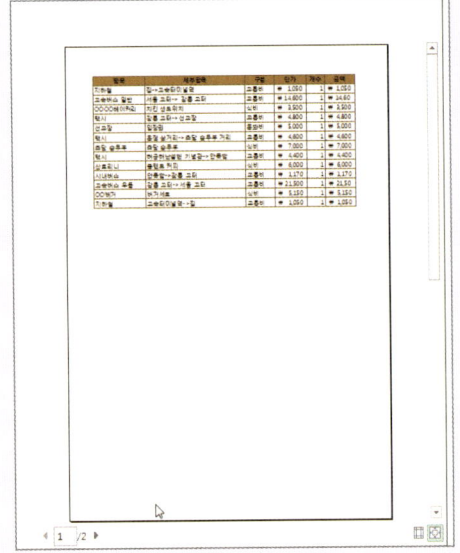 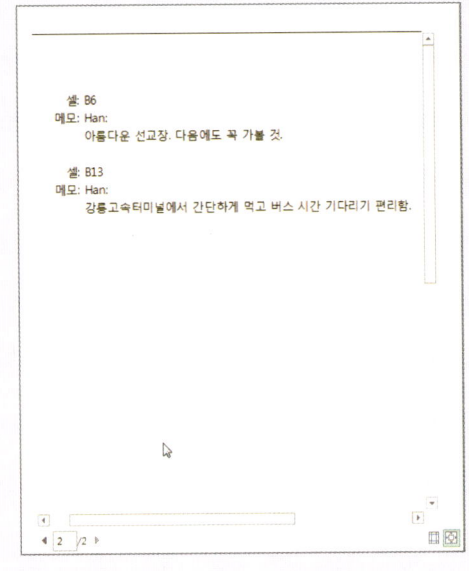

 B3셀과 B11셀 각각 클릭한 후 [검토] 탭-[메모] 그룹에서 [새 메모]를 클릭하여 메모를 삽입 → [페이지 설정] 클릭한 후 [시트] 탭을 선택 → '인쇄'의 '메모' 목록에서 [시트 끝] 선택

SECTION 15

함수를 사용하여 성적표 만들기

시작하면서 함수 중에 자주 쓰이는 평균 함수와 IF함수를 이용해서 평균이 60 이상인 수험생은 합격을, 그 이하인 사람은 불합격임을 나타내 보도록 하겠습니다. 또한 소수점 이하 자릿수를 줄여 숫자를 보기 편하게 만들어 보도록 하겠습니다.

핵심포인트 평균(AVERAGE) 함수로 평균 구하기, 소수점 이하 자릿수 줄이기, IF 함수 이용하기

미리보기

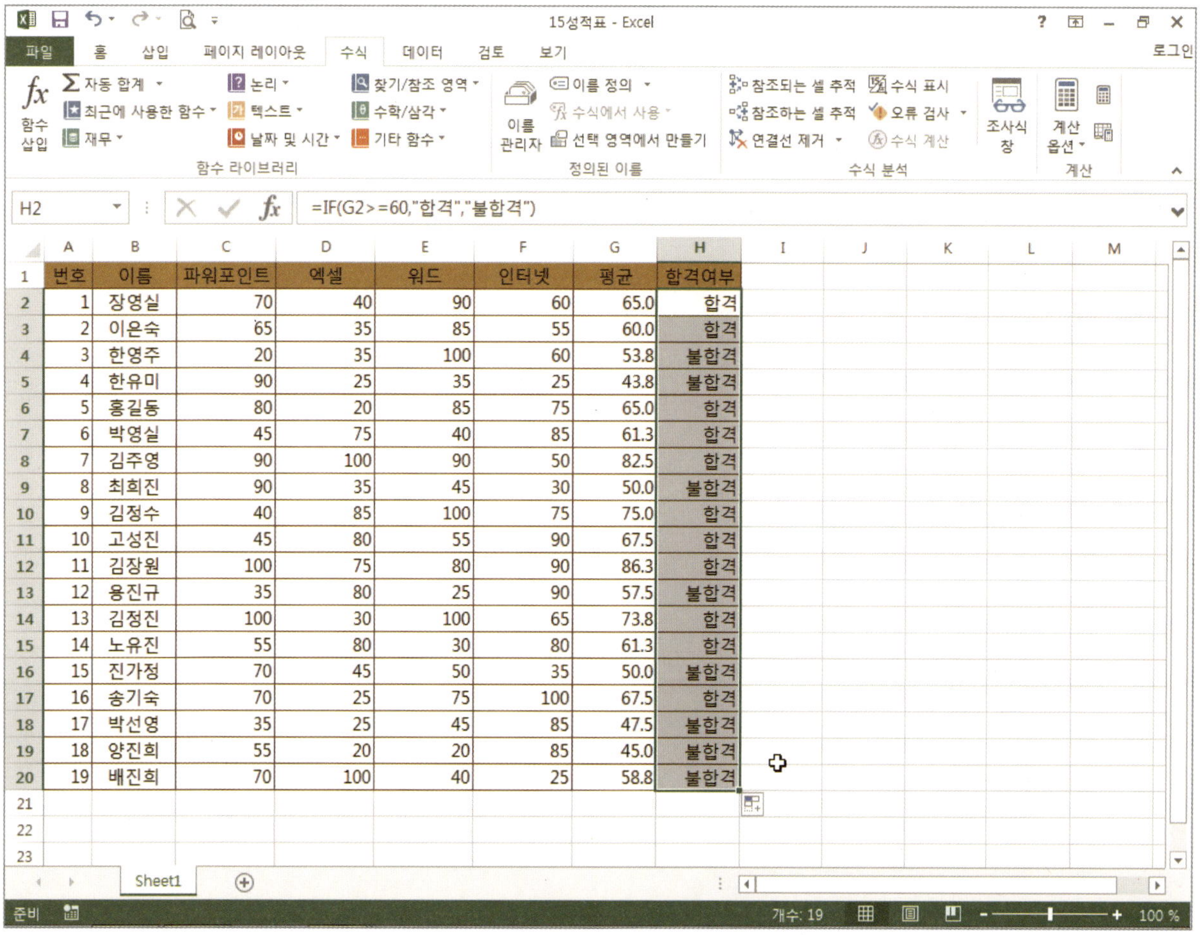

번호	이름	파워포인트	엑셀	워드	인터넷	평균	합격여부
1	장영실	70	40	90	60	65.0	합격
2	이은숙	65	35	85	55	60.0	합격
3	한영주	20	35	100	60	53.8	불합격
4	한유미	90	25	35	25	43.8	불합격
5	홍길동	80	20	85	75	65.0	합격
6	박영실	45	75	40	85	61.3	합격
7	김주영	90	100	90	50	82.5	합격
8	최희진	90	35	45	30	50.0	불합격
9	김정수	40	85	100	75	75.0	합격
10	고성진	45	80	55	90	67.5	합격
11	김장원	100	75	80	90	86.3	합격
12	용진규	35	80	25	90	57.5	불합격
13	김정진	100	30	100	65	73.8	합격
14	노유진	55	80	30	80	61.3	합격
15	진가정	70	45	50	35	50.0	불합격
16	송기숙	70	25	75	100	67.5	합격
17	박선영	35	25	45	85	47.5	불합격
18	양진회	55	20	20	85	45.0	불합격
19	배진회	70	100	40	25	58.8	불합격

H2 =IF(G2>=60,"합격","불합격")

1 '15성적표.xlsx' 파일을 불러옵니다. G2셀을 클릭한 후 [홈] 탭-[편집] 그 룹에서 [합계](Σ ·)의 목록 단추(·)를 클릭한 후 [평균]을 선택합니다.

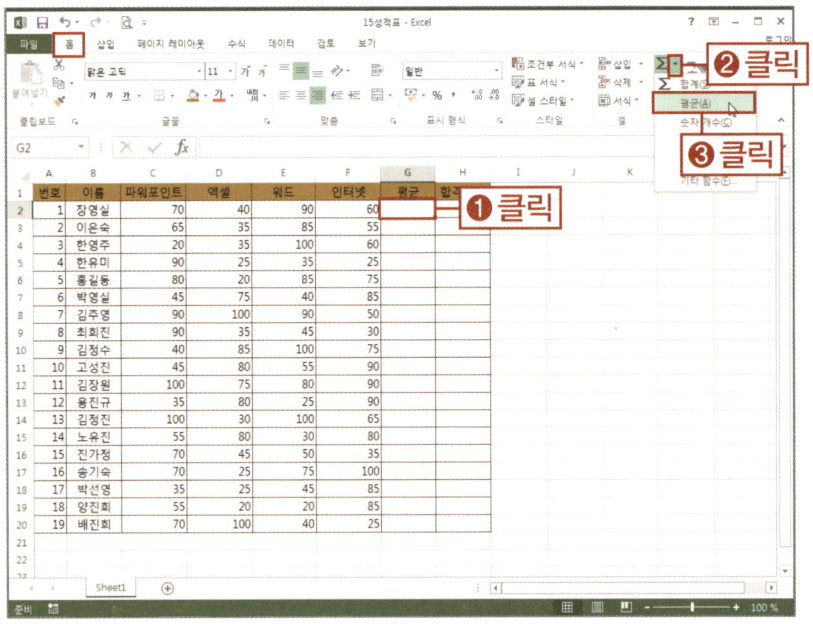

2 다음과 같이 평균을 뜻하는 영문 AVERAGE 함수가 표시되고 평균을 정 할 데이터의 범위가 나타납니다. 평균을 낼 점수의 범위가 맞는지 확인한 후 Enter 를 누릅니다. G2셀의 내용을 G20셀까지 자동 채우기합니다.

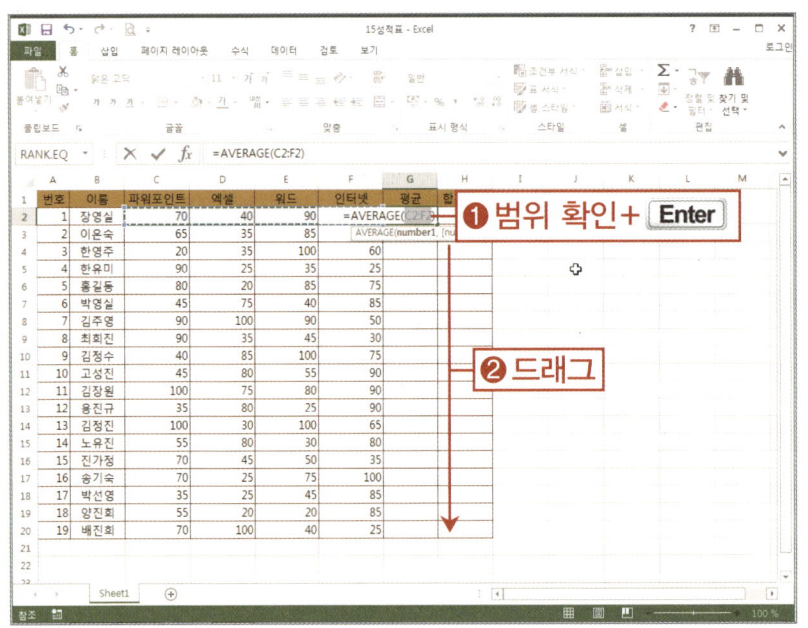

> **TIP** [평균]을 클릭하면 G2셀 주변의 숫자가 자동으로 평균값에 포함됩니다. 범위를 변경하고 싶다면 원하는 범위를 드래그하여 선택하거나 직접 셀을 입력해도 됩니다.

3 평균의 결과인 데이터가 전체 입력됩니다. 이번에는 소수점 이하의 자리 수를 보기 좋게 만들기 위해 [표시 형식] 그룹의 [자릿수 줄임](🔽)을 클릭합니다.

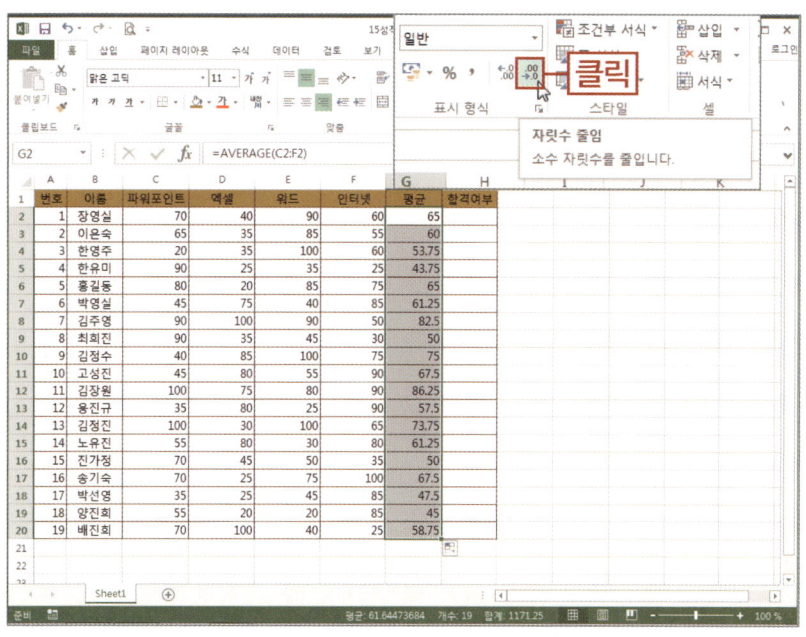

TIP [자릿수 줄임] 바로 왼쪽에 있는 [자릿수 늘림](🔼)을 클릭하면 소수점 자릿수가 늘어납니다.

4 소수점 이하의 숫자가 한 자리로 통일되어 평균점수가 보기 좋게 정리됩니다.

번호	이름	파워포인트	엑셀	워드	인터넷	평균	합격여부
1	장영실	70	40	90	60	65.0	
2	이은숙	65	35	85	55	60.0	
3	한영주	20	35	100	60	53.8	
4	한유미	90	25	35	25	43.8	
5	홍길동	80	20	85	75	65.0	
6	박영실	45	75	40	85	61.3	
7	김주영	90	100	90	50	82.5	
8	최희진	90	35	45	30	50.0	
9	김정수	40	85	100	75	75.0	
10	고성진	45	80	55	90	67.5	
11	김장원	100	75	80	90	86.3	
12	용진규	35	80	25	90	57.5	
13	김정진	100	30	100	65	73.8	
14	노유진	55	80	30	80	61.3	
15	진가정	70	45	50	35	50.0	
16	송기숙	70	25	75	100	67.5	
17	박선영	35	25	45	85	47.5	
18	양진희	55	20	20	85	45.0	
19	배진회	70	100	40	25	58.8	

TIP [자릿수 줄임](🔽)을 한 번 더 클릭하면 소수점 이하 자릿수를 아예 없앨 수 있습니다.

5 합격 여부를 나타낼 H2셀을 선택한 후 [수식] 탭을 클릭합니다. 이후 [함수 라이브러리] 그룹의 [논리]–[IF]를 차례대로 클릭합니다.

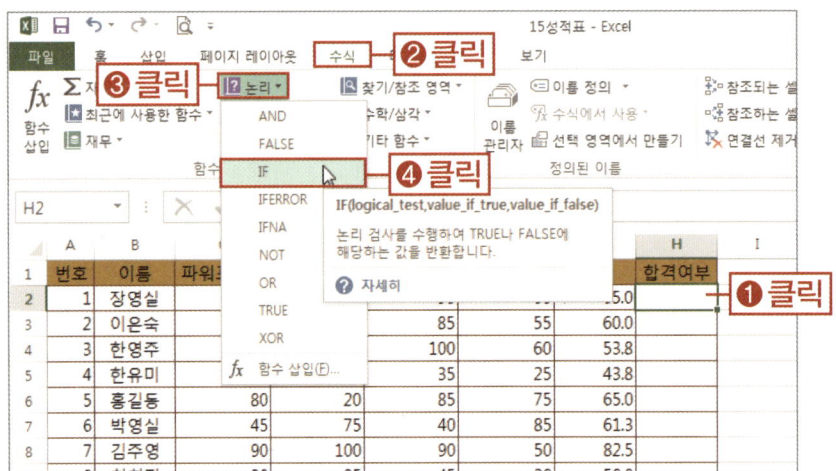

6 평균이 60점 이상인 경우에 해당하는 경우는 '합격', 아니면 '불합격'이 나타나도록 하기 위해 '함수 인수' 대화상자가 나타나면 Logical_test 입력 란에는 'G2>=60'을 입력합니다. 이후 Value_if_true에는 '합격'을 입력하고 Value_if_false에는 '불합격'을 입력한 후 [확인]을 클릭합니다.

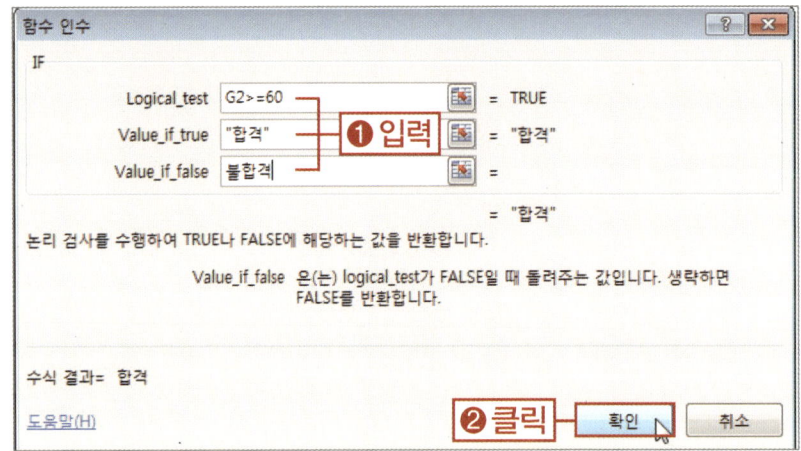

> **TIP** IF 함수는 설정한 조건에 맞으면 참, 맞지 않으면 거짓을 나타내는 함수입니다. Logical_test에는 논리 조건을 입력하여 참과 거짓이 되는 데이터를 구분할 수 있도록 합니다. 논리 조건에 기반하여 결과가 참일 경우, 나타낼 값을 Value_if_true에 입력하고 값이 거짓일 경우에 나타낼 값을 Value_if_false에 입력합니다.
>
> 나이(F4셀)가 20세 이상이면 '성인', 아니면 '미성년'이라고 나타나도록 하고 싶은 경우
>
> Logical_test(논리 조건) : F4>=20
>
> Value_if_true(결과가 참인 경우) : 성인
>
> Value_if_false(결과가 거짓인 경우) : 미성년
>
> 논리 조건 입력 예: 크다 A1>10, 작다 A1<10, 이상 A1>=10, 이하 A1<=10, 같다 A1==10

7 G3셀은 평균값이 65이기 때문에 '합격'이 나타납니다. 다른 셀에도 논리
함수를 적용하기 위해 H20셀까지 자동 채우기를 합니다.

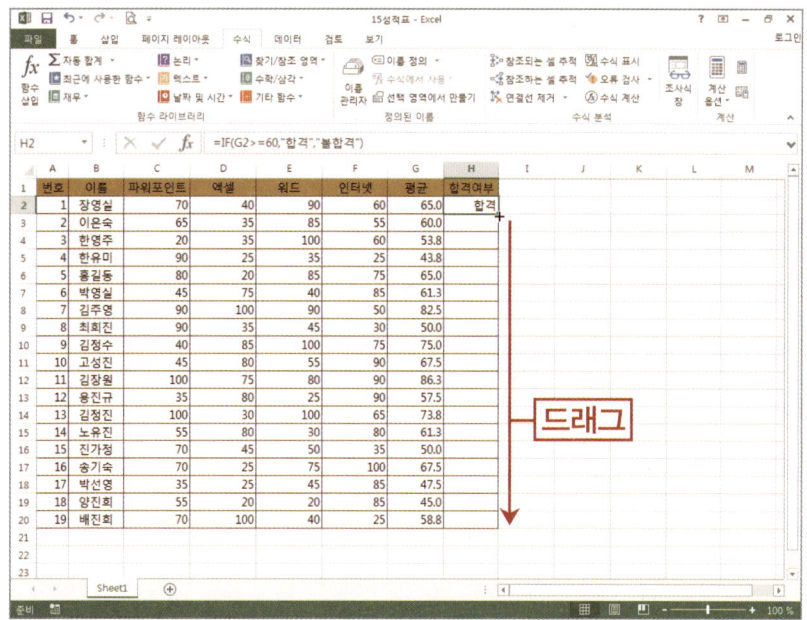

8 다음과 같은 결과를 확인할 수 있습니다.

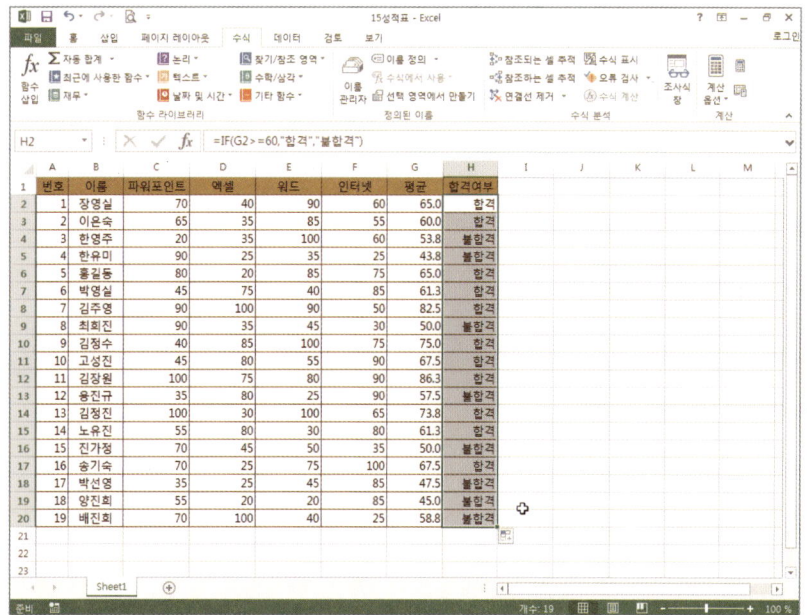

1 '15연습01점포판매량.xlsx' 파일을 불러와 다음과 같이 설정해 보세요.

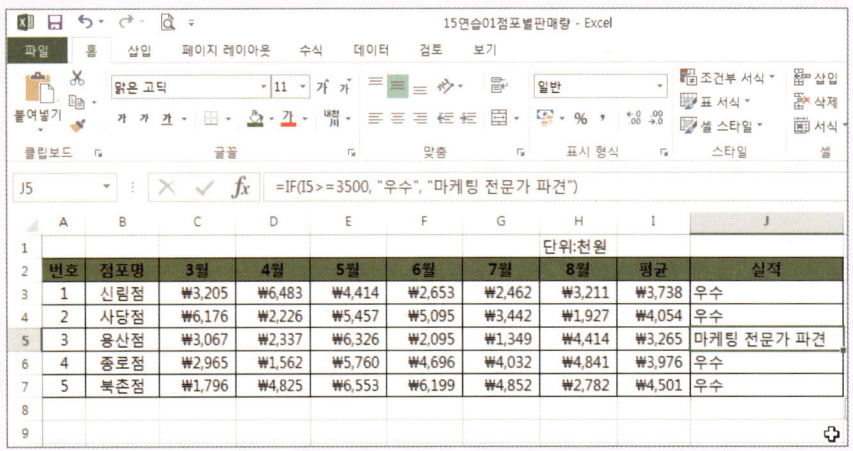

- I3셀 : 평균 함수를 이용해서 3월부터 8월까지의 실적 평균 내고, I7셀까지 자동 채우기
- I3~I7셀: 계산 결과의 소수점 이하 자릿수 없애기
- J3셀 : IF 함수를 이용해서 평균 실적이 3500 이상이면 '우수' 아니면 '마케팅 전문가 파견' 이란 문구가 나타나도록 만들고, J7셀까지 자동 채우기

2 '15연습02시험통과여부.xlsx' 파일을 불러와 다음과 같이 설정해 보세요.

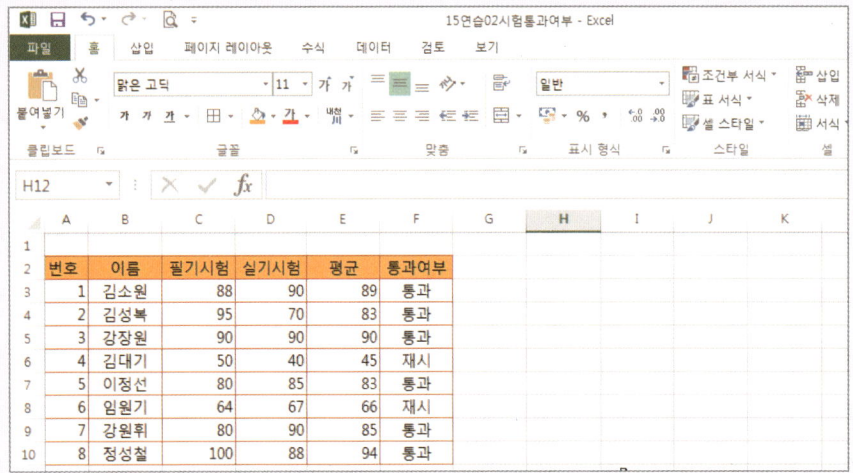

- E3셀 : 평균 함수 이용해서 필기시험과 실기시험 결과를 평균내고, E10셀까지 자동 채우기
- E3~E10셀 : 소수점 이하 자릿수 없애기
- F3셀 : IF 함수를 이용해서 평균이 70보다 작으면 '재시' 아니면 '통과' 란 문구가 나타나도록 하고 F10셀까지 자동 채우기

눈이 편한 **엑셀 2013**

1판 1쇄 발행 • 2015년 11월 15일

저 자 • 한유미
발 행 인 • 김길수
발 행 처 • (주)영진닷컴
주 소 • 서울특별시 금천구 가산디지털1로 24 대륭 13차 10층 (주) 영진닷컴
출판등록 • 2007. 4. 27 제 16-4189호

값 7,000원

ISBN 978-89-314-4978-5

http://www.youngjin.com